V&R

Manfred Karsch

Schulgottesdienste und Klassenandachten mit den Lachgeschichten

Religionsunterricht primar

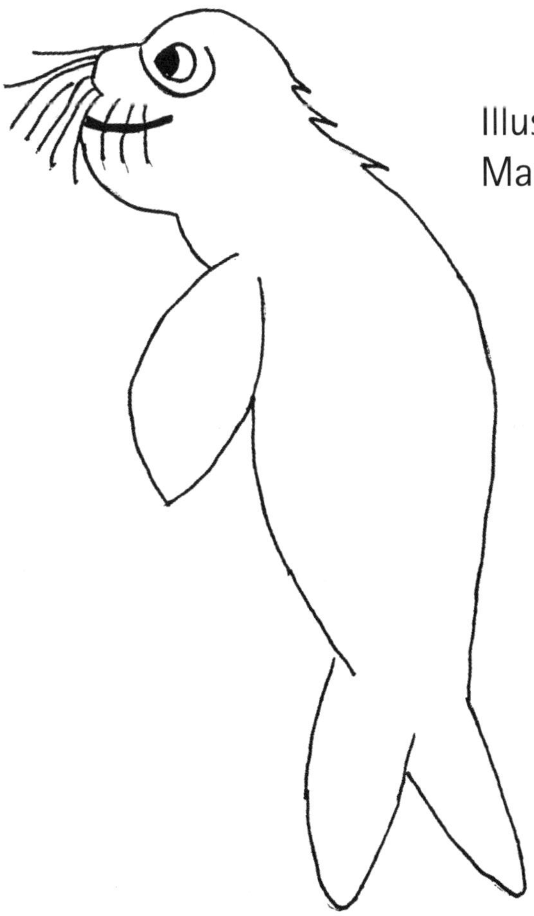

Illustriert von Rebecca Meyer und Manfred Karsch

Vandenhoeck & Ruprecht

Mit neun Lachgeschichten aus:
Ursula Wölfel, Achtundzwanzig Lachgeschichten.

Bibliographische Information der Deutschen Nationalbibliothek

Die Deutsche Nationalbibliothek verzeichnet diese Publikation
in der Deutschen Nationalbibliografie; detaillierte bibliografische Daten sind
im Internet über http://dnb.d-nb.de abrufbar.

ISBN 978-3-525-58177-3

Umschlagabbildung: Manfred Karsch

Printed in Germany.
Satz: Daniela Weiland, Göttingen
Druck und Bindung: Hubert & Co., Göttingen

Gedruckt auf alterungsbeständigem Papier.

Inhalt

Einleitung

Die Lachgeschichten

Die achtundzwanzig Lachgeschichten von Ursula Wölfel (Ursula Wölfel, Achtundzwanzig Lachgeschichten, Thienemann Verlag) gehören inzwischen zu den Klassikern der Kinderkurzgeschichten. Mit diesen – auf eine Leseseite beschränkten – Geschichten hatte Ursula Wölfel in den sechziger Jahren des vergangenen Jahrhunderts eine neue Form der Kinderliteratur entwickelt. Die Geschichten machen bis auf den heutigen Tag vor allem als Gute-Nacht-Geschichten im Vorschulalter in Kinderzimmern Karriere und ermöglichen in den ersten Klassen der Grundschule aufgrund ihres einfachen Satzbaus erste Leseerfahrungen und bieten Ansätze der Leseförderung.

Ausschlaggebend für die Entscheidung, die Lachgeschichten in den Zusammenhang von Schulgottesdiensten und Klassenandachten zu stellen, sind aber die Inhalte, die Ursula Wölfel zum Thema macht: Auf humorvolle, für Kinder leicht verständliche und einsehbare Art und Weise werden in diesen Geschichten Alltagssituationen und Lebenserfahrungen zur Sprache gemacht. Sie haben deshalb nichts von ihrer Aktualität verloren, auch wenn in manchen Geschichten das Flair des zweiten Nachkriegsjahrzehnts durchschimmert.

Der moralisch-pädagogische Ansatz der Lachgeschichten

Etwa die Hälfte dieser Geschichten greift Merkwürdiges, Zwiespältiges und Nachdenkliches aus dem Alltag von Kindern und Erwachsenen auf. Die andere Hälfte sind Tiergeschichten, Fabeln, die Lebensweisheiten und Alltagsdummheiten zur Rede stellen. Beide Arten von Geschichten wollen nicht nur den jungen Leser und die junge Leserin, sondern auch Erwachsene zum Lachen bringen und sie zudem dazu anregen, scheinbar Selbstverständliches im alltäglichen Miteinander in Frage zu stellen und hinter die Gewohnheiten von eingeschliffenen Verhaltensweisen Erwachsener und Kinder zu blicken.

Nicht selten bieten die Geschichten damit Gesprächsanlässe zwischen den Generationen, um Erfahrungen und Konflikte des Alltags aufzugreifen und abzuarbeiten. Die Lösungspotenziale der angedeuteten Konfliktsituationen liegen deshalb nicht immer in der Geschichte selbst, sondern weisen über die Geschichte hinaus. Sie vermitteln keine allgemeingültigen Richtigkeiten, sondern bieten auch die Möglichkeit an, sich gegen den dargestellten Schluss einer Geschichte zu stellen und eigene Position zu beziehen.

Die Geschichten beider Gattungen wollen damit auf der einen Seite unterhalten, auf der anderen Seite aber haben sie einen moralisch-pädagogischen Grundzug besonderer Art, der nicht mit dem erhobenen Zeigefinger arbeitet, sondern mit dem teils befreienden, teils aufdeckenden und überführenden Lachen, das von der ersten Geschichte an ansteckend wirkt.

In den Geschichten hat das Lachen unterschiedliche Funktion: Da ist das befreiende Lachen, das den Zorn über einen Regenschauer in der Geschichte vom „Kind, das immer lachen musste", verjagt; oder das erleichterte Lachen über das wieder gefundene Reisekind; das Lachen über die Dummheit des gierigen Hamsters und des eitlen Papageis oder über die unbegründete, das Seehundkind überbehütende Ängstlichkeit der Seehundseltern auf der Sandbank.

Die Lachgeschichten erzeugen damit nicht nur das Lachen als Reflex im Sinne einer Entlastungsfunktion, vielmehr weisen sie auf die ursprüngliche Sozialbedeutung des Lachens hin als Ausdrucksform der Sympathie untereinander und der Solidarität mit den Benachteiligten; sodann auch als kommunikative „Waffe", die, indem sie sich über Autoritäten und Herrschaftsverhältnisse lustig macht, Veränderung der sozialen und gesellschaftlichen Verhältnisse und des individuellen Verhaltens bewirkt, so wie es Herbert Grönemeyer besingt: „Wir werden in Grund und Boden gelacht, Kinder an die Macht."

Im Hinblick auf die moralische Entwicklung ähneln viele dieser Geschichten, wenn auch in einer ganz anderen literarischen Form, den Dilemma-Geschichten, mit denen Lawrence Kohlberg ebenfalls ab der Mitte des 20. Jahrhunderts die Entwicklung des moralischen Urteils untersuchte (Lawrence Kohlberg, Die Psychologie der Moralentwicklung, Frankfurt: Suhrkamp Verlag, 1995). Den Dilemma-Geschichten, die Kohlberg seinen Klienten vorlegte, um sie zu einem moralischen Urteil zu veranlassen, war zu Eigen, dass sie zu einer Entscheidung provozierten im Sinne eines Gerechtigkeitsurteils: „Was ist gerecht in dieser oder jener Situation?"

Mit diesen Dilemma-Geschichten haben die Lachgeschichten Ursula Wölfels gemeinsam, dass sie beide den Leser oder den Zuhörer dazu auffordern, Stellung zu beziehen und zu einer Antwort auf die Frage „Und was hättest du in dieser Situation gemacht?" herausfordern. Sie thematisieren damit nicht nur die Frage nach der Gerechtigkeit, sondern auch die Frage nach der Fürsorge und Verantwortlichkeit, die Carol Giligan in Ergänzung und Abgrenzung zu den Untersuchungen von Kohlberg als Ziel ethischen Urteils besonders bei Mädchen und Frauen entdeckte (Carol Giligan, Die andere Stimme. Lebenskonflikte und Moral der Frau. München: Piper Verlag, 1984).

Die religiöse Dimension der Lachgeschichten

Viele der Geschichten setzen sich mit menschlichen Verhaltensweisen auseinander, die die kirchliche Tradition zu den sieben Todsünden zählte: Völlerei, wie bei der Geschichte vom gierigen Vogel; die Habsucht des Hamsters und die Trägheit bei der Geschichte vom Gähnen; der Zorn des Nashorns, die Hoffart des bunten Papageis und der Neid der großen Hunde beim Kampf um den Knochen (Zur Aktualität der sieben Todsünden vgl. Gerhard Schulze, Die Sünde – das schöne Leben und seine Feinde, München: Hanser Verlag, 2006). Die Geschichten haben damit sowohl eine moralisch-ethische Dimension als auch eine religiöse Komponente, ja sie weisen über sich hinaus hin auf den genuinen Zusammenhang von Religion und Ethik.

Im Hinblick auf die religiöse Dimension bieten die Lachgeschichten Anlass, sie mit biblisch-christlichem Gedankengut zu vergleichen, zu verknüpfen und ins Gespräch zu bringen. Viele, gerade die Tiergeschichten, haben Gleichnischarakter, ähneln mit ihrem Achtergewicht den Gleichnissen Jesu und bringen damit eine Wahrheit und Wirklichkeit metaphorisch zur Sprache, die anders nicht gesagt werden könnte, ohne dass der Zuhörer oder die Zuhörerin sich von ihnen „überführt" fühlt. So aber wird er, wird sie zur Freude angesteckt.

Auch wenn der Wortstamm „lachen" im biblischen Befund nur wenige Belegstellen aufweist, so ist das Lachen doch oft die Reaktion des Menschen auf Gottes befreiendes Handeln – „Wenn der Herr die Gefangenen Zions erlösen wird ... Dann wird unser Mund voll Lachens und unsre Zunge voll Rühmens sein" (Ps 126,1f.) – und ist das Lachen mit der Zusage kommenden Heils verbunden – „Selig seid ihr, die ihr jetzt weint; denn ihr werdet lachen" (Lk 6,21). Nicht zuletzt ist das österliche Lachen, mit dem die Liturgie der orthodoxen Kirche den Sieg des Lebens über den Tod symbolisch feiert, Ausdruck dieser eschatologischen, aber in die Gegenwart hineinreichenden, das Leben hier und jetzt verändernden Freude.

Die frohe Botschaft und die Freude über die Nähe Gottes ermöglichen damit nicht nur einen Wandel der Geisteshaltung, die dem Glauben und dem Vertrauen auf Gottes Handeln und Zusage entspricht, sondern auch eine überraschende Änderung des Verhaltens, die aus dem Glauben erwächst. Im so verstandenen Lachen spiegelt sich somit der genuine Zusammenhang von Religion und Ethik, von christlichem Glauben und an christlichen Werten orientiertem Handeln.

Die Lachgeschichten im Schulgottesdienst der Grundschule

Die Nähe zu biblisch-christlichem Gedankengut gibt Anlass, die Lachgeschichten als Medien einzusetzen, mit deren Hilfe Kinder im Grundschulalter motiviert werden, sich mit religiösen und ethischen Themen und Fragestellungen im Schulgottesdienst oder bei Andachten im Klassenzimmer auseinanderzusetzen. Die Gottesdienste und Andachten, die mit den Lachgeschichten am Lernort Schule gestaltet werden, haben damit sowohl die Funktion, eine spirituelle „Aus-Zeit" aus dem Schulalltag zu ermöglichen, wie auch, Themen und Texte, die der Religionsunterricht bearbeitet hat, in liturgischen Formen zu präsentieren, zu vertiefen, zu bündeln und damit Anlässe zum gemeinsamen Feiern und zum Fest zu schaffen, in denen die unterschiedlichen Situationen der Schulwoche, des Schuljahres und des Kirchenjahres begangen werden.

Das teils offene, teils überraschende Ende der Lachgeschichten bietet die Möglichkeit, die Lachgeschichten in unterschiedlicher Art und Weise spielend und erzählend in den Gottesdienst einzubringen. Die Ideen zu den in diesem Band zusammengestellten Gottesdiensten und Klassenandachten sind zum Teil aus meiner eigenen Tätigkeit als ehemaliger Gemeindepfarrer entstanden, zum Teil aus Workshops mit Religionslehrerinnen und Religionslehrern in meiner Tätigkeit als Schulreferent des Kirchenkreises Herford.

In diesen Workshops wurde mit einem vorgegebenen liturgischen Raster gearbeitet, in das die teilnehmenden Lehrkräfte nach einem Baukastenprinzip vorgegebenes Material und eigene Ideen einbringen konnten. Zu den „vorgeschriebenen" liturgischen Grundelementen gehörten:

- die trinitarische Eingangsformel
- ein Eingangsgebet

- eine Psalmmeditation mit wiederkehrendem Psalmvers im Eingangsteil
- ein Verkündigungsteil, der eine der Lachgeschichten mit einer Aussage oder Geschichte der biblisch-christlichen Botschaft verknüpfen kann
- ein Schlussteil mit Fürbittengebet und Segen

Das auszuwählende Liedgut wurde auf die hundert religiösen Kinderlieder beschränkt, die im „Liederbuch zum Umhängen" (Das Liederbuch zum Umhängen – 100 der schönsten religiösen Kinderlieder, Münster: Menschenkinder Verlag, 1993, dort auch die CD) zusammengestellt sind. Diese Reduktion ergab sich vor allem aus dem Grund, dass für dieses Liederbuch, in dem Lieder unterschiedlicher Autoren und Liedermacher zusammengestellt sind, eine CD angeboten wird, auf der jeweils die erste Strophe eines Liedes angesungen wird, so dass auch unmusikalischen bzw. Lehrkräften, die kein Begleit- oder Melodieinstrument beherrschen, die Einübung der Lieder ermöglicht wird.

Die Grundformen der Klassenandacht und des Schulgottesdienstes

Die Lachgeschichten wurden in zwei mögliche liturgische Grundformen eingearbeitet: Die Klassenandacht und den Schulgottesdienst. Für die Spiritualität im Schulalltag bietet die *Klassenandacht* die Möglichkeit liturgischen und gottesdienstlichen Lernens im Klassenverband. Als tägliches, wöchentliches oder monatliches Ritual bietet die Klassenandacht Gelegenheit, gottesdienstliche Haltungen wie gemeinsames Gebet, Singen, Beteiligung an unterschiedlichen Formen der Verkündigung und nicht zuletzt die gottesdienstliche Gemeinschaft und damit Verhaltensweisen einzuüben, die dem Alltag zunächst fremd und ungewohnt sind. Die Klassenandacht verlässt nicht den gewohnten Raum der Schule, sondern macht das Klassenzimmer zum Andachtsraum. Die Verbindung zwischen Schulalltag und gottesdienstlichen Formen ist damit am besten gewahrt. Dies stellt nicht den gottesdienstlichen Raum als besonderen Raum in Abrede, trägt vielmehr der kirchenpädagogischen Einsicht Rechnung, dass gottesdienstliche Räume zunächst mit Schülerinnen und Schülern erschlossen werden müssen. Diese Neuerschließung umgehen Klassenandachten in der vertrauten Umgebung des Klassenraums zunächst. Sie bedürfen dann der Ergänzung durch Erfahrungen mit gottesdienstlichen Räumen. Bei der Neugestaltung von Schulgebäuden oder wenn angesichts rückläufiger Schülerzahlen Klassenräume leer stehen, sollten sich Religionslehrkräfte daher für die Einrichtung eigener Räume für Religionsunterricht und Klassenandachten einsetzen.

Die in diesem Band vorgestellten Vorschläge für Klassenandachten arbeiten in der Regel mit einem Stuhlkreis und einer durch farbige Tücher gestalteten Mitte, die neben den üblichen Gegenständen, wie Standkreuz, Kerze, Klangschale, durch Elemente ergänzt wird, die in den Zusammenhang der jeweils in der Andacht behandelten Lachgeschichte gehören.

Dort, wo diese Form der Klassenandacht bereits Einzug gehalten hat, werden die möglichen liturgischen Gegenstände in einem entsprechend ästhetisch gestalteten Kasten aufbewahrt. Abwechselnd können Schülerinnen und Schüler mit dem Auf- und Abbau der gestalteten Mitte und des Stuhlkreises sowie die Bereitstellung der Liedermappen betraut werden.

Gottesdienstliches Verhalten sollte bereits beim Betreten des Klassenraums zur Klassenandacht eingeübt werden, ruhige Musik vom CD-Player als Vor- und Nachspiel kann dieses Verhalten unterstützen. Dabei sollte gerade nicht die aus der Esoterik bekannte Meditationsmusik zum Einsatz kommen. Klassische Musik oder Musikstücke, die Motive von Kirchenliedern instrumental aufgreifen, können ebenso Verwendung finden wie Orgelmusik, die darüber hinaus die Schülerinnen und Schüler an den Klang dieses für ihre Ohren fremde Instrument gottesdienstlicher Gesangsbegleitung heranführt.

Einzelne Schülerinnen und Schüler können in die Durchführung der Klassenandacht einbezogen sein, z.B. beim Lesen der „Psalmen mit Kehrvers". Es hat sich als sinnvoll erwiesen, für diese Sprechtexte eine Sammlung anzulegen, aus der die beauftragten Schülerinnen und Schüler Texte selbstständig nach Anlass und Jahreszeit auswählen können. Neben den Psalmen mit Kehrvers in den Entwürfen zu den Klassenandachten und Gottesdiensten finden sich im letzten Abschnitt einige weitere Textvorschläge zu unterschiedlichen Themen, die als Grundstock für eine solche Sammlung dienen können.

Auch der klassenübergreifende *Schulgottesdienst* sollte in der Regel als Zielgruppengottesdienst gestaltet sein, d.h. die Frage nach den Adressaten (eine Jahrgangsstufe, nur Schülerinnen oder Schüler oder auch deren Eltern, die ganze Schule usw.) sollte im Zusammenhang mit der Frage nach dem Anlass und dem Thema des Gottesdienstes stehen.

Jeder der in diesem Band vorgestellten Schulgottesdienste beginnt deshalb – vor dem Eingangslied und den gottesdienstlichen Eingangsworten – mit einer kurzen Einführung in das Thema des Gottesdienstes. Zwar leben gerade die Lachgeschichten von der Überraschung, aber jeder Gottesdienstteilnehmer und jede Gottesdienstteilnehmerin darf wissen, was ihn erwartet und worauf er sich im Gottesdienst freuen kann.

Auch der klassenübergreifende Schulgottesdienst stellt sein Thema in den Zusammenhang des Unterrichts und des Schullebens. Jedem der vorgestellten Gottesdienstentwürfe ist deshalb die Skizze einer Vorbereitung durch eine Schulklasse vorangestellt.

Die Darbietung der Lachgeschichten im Gottesdienst

Für die Gestaltung der Lachgeschichten im Gottesdienst bzw. in der Klassenandacht wurden in den Workshops mit Lehrerinnen und Lehrern Ideen vorgegeben, die in unterschiedlicher Art und Weise aufgegriffen und kombiniert wurden. Diese Ideen sind folgende:

Die Geschichte vorlesen oder erzählen: Die Geschichte wird vorgelesen, wobei sich die unterschiedlichen Möglichkeiten der Unterbrechung bieten, um Gesprächsanlässe zu geben. Dabei kann auch der Bezug zu einer biblischen Geschichte oder einem Bibelvers hergestellt werden.
Beispiel: Die Geschichte von den Rosinenbrötchen

Ein Anspiel vorbereiten: Die Geschichte wird in ein Spiel umgesetzt, in dem mehrere Akteure einer Vorbereitungsgruppe agieren können. Dabei ist sowohl das pantomimische Spiel mit und ohne begleitender Erzählung möglich als auch das richtige Theaterstück mit Sprechrollen.
Beispiel: Die Geschichte vom Schnuller

Ein Spiel mit Flachpuppen oder Handpuppen gestalten: Als besondere Form des Anspiels bietet sich das Spiel mit Handpuppen oder mit selbst gestalteten Flachpuppen an. Der Bau der Flachpuppen ist damit Teil der Vorbereitung in einer Klasse oder Schülergruppe.
Beispiel: Die Geschichte vom kleinen Seehund

Ein Schattenspiel mit Folienteilen auf dem OHP präsentieren: Alternativ zum Flachpuppenspiel wird mit Folienteilen und Bildern auf dem OHP zur Unterstützung einer Erzählung gearbeitet.
Beispiel: Die Geschichte vom kleinen Seehund

Eine Mitmachgeschichte oder Erzählung mit Chor entwickeln: Die Erzählung oder Darbietung der Geschichte lädt dazu ein, bestimmte Gesten oder Bewegungen mitzumachen oder wiederkehrende Sätze als Chor mitzusprechen.
Beispiel: Die Geschichte vom Kind, das immer lachen musste

Ein Bild zur Geschichte betrachten: Zu jeder Lachgeschichte findet sich im Buch von Ursula Wölfel ein Bild von Bettina Wölfel, das eine wichtige Szene der jeweiligen Geschichte wiedergibt. Dieses Bild (oder ersatzweise das jeweilige Deckblatt der jeweiligen Andacht/Gottesdienstfeier in diesem Band) kann in der Vorbereitung des Gottesdienstes wie im Gottesdienst selbst mit unterschiedlichen Möglichkeiten (spontane Assoziationen, geführte Bildbetrachtung, Abdeckverfahren usw.) betrachtet werden, als Handbild verteilt, mit dem OHP als Folie projiziert oder auf einer Stellwand als Skizze präsentiert werden.
Beispiel: Die Geschichte von der Maus im Laden

Die Geschichte verklanglichen: Manche der Lachgeschichten laden zu einer Verklanglichung ein. Hierzu bieten sich einfache Rhythmusinstrumente und Schlaginstrumente an, aber auch die Möglichkeit, einzelne Rollen (ähnlich wie bei „Peter und der Wolf") mit Erkennungsmelodie zu versehen.
Beispiel: Die Geschichte von den Nilpferden

Etwas für die Geschichte mitbringen: Die am Gottesdienst Teilnehmenden oder eine Gruppe (z.B. die Schulanfänger und Schulanfängerinnen) bringen etwas mit, das in der Darbietung des Lachgeschichte Verwendung findet.
Beispiel: Die Geschichte vom kleinen Seehund

Etwas aus der Geschichte mitnehmen: Die am Gottesdienst Teilnehmenden oder eine Gruppe (z.B. die Schulabgängerinnen und -abgänger) nehmen als Erinnerung etwas aus der Geschichte mit.
Beispiel: Die Geschichte vom Papagei

Dieser Band stellt Klassenandachten und Schulgottesdienste zu insgesamt neun der achtundzwanzig Lachgeschichten zusammen. Er ermutigt damit, für die verbleibenden vierzehn Lachgeschichten eigene Klassenandachten und Schulgottesdienste zu entwickeln. Zeiten und Anlässe gibt es dafür sicher reichlich: So hat die Geschichte von der Frau, die immer an etwas anderes gedacht hat, vielleicht dann ihre Zeit, wenn wieder einmal Chaos und Unordnung das Klassenzimmer zu überfallen drohen.

Die Beschränkung auf neun Geschichten lädt daneben aber auch dazu ein, selber weiter zu lesen und weiter zu lachen und damit mit Kindern in der Schule oder auch zu Hause die Vielfalt der Gesprächsanlässe zu entdecken, die die Lachgeschichten bieten. Es ist damit mein Wunsch verbunden, dass die Lachgeschichten von Ursula Wölfel trotz ihres Alters noch lange nicht aus den Klassenzimmern und Kinderzimmern verschwinden.

Dem Thienemann-Verlag sei deshalb herzlich gedankt für die Freigabe zum Abdruck der verwendeten Lachgeschichten. Mein Dank gilt auch den Lehrerinnen und Lehrern, die in den Workshops mit mir an den Gottesdiensten und Klassenandachten gearbeitet haben und die einige der Entwürfe in ihren Schulen ausprobiert haben.

Hiddenhausen, im April 2008 Manfred Karsch

Klassenandacht 1

Die Geschichte vom Kind,
das immer lachen musste
oder: Der Regen bringt Segen
(Thema: Beginn)

Die Geschichte vom Kind, das immer lachen musste
oder: Der Regen bringt Segen

Einmal war ein Kind so lustig, dass es immer lachen musste.
Das Kind ist mit dem Großvater spazieren gegangen, da hat es einen tollen Regen gegeben. Sie hatten keine Mäntel und keinen Schirm, darum haben sie sich mit den anderen Leuten in einen Hauseingang gestellt. Die Leute haben über den Regen geschimpft, aber das Kind hat nur gelacht. Der Regen vom Dach ist auf Großvaters Hut getropft, und dort ist er stehen geblieben wie in einer Schüssel. Und als der Hut ganz voll Regenwasser war, ist es übergeschwappt und dem Kind in den Kragen gelaufen. Da musste das Kind noch mehr lachen, und der Großvater hat auch gelacht. Dann ist ein Lastwagen vorbeigefahren und hat alle Leute voll Schlamm gespritzt, und das Kind war von oben bis unten nass und dreckig. Die Leute wollten schon wieder schimpfen, aber das Kind musste nur noch mehr lachen, und der Großvater musste auch lachen, und da konnten die Leute nicht mehr schimpfen. Sie mussten alle mitlachen.

Thematischer Impuls

Ein Kind geht mit seinem Großvater spazieren. Als es zu regnen beginnt, stellen sie sich mit anderen Personen in einem Hauseingang unter. Während alle anderen über den Regen schimpfen, findet der Junge das Wetter lustig, selbst dann, als ihm der Regen in den Kragen tropft und ein vorbeifahrender Lastwagen alle Leute im Hauseingang durchnässt. Da müssen auch alle anderen lachen.

„Lachen steckt an!" – So heißt es in einer Redewendung und darum geht es auch in der Geschichte vom Kind, das immer lachen musste. Und dabei ist der Anlass zum Lachen eigentlich gar nicht so lustig, denn am Anfang der Geschichte beginnt es zu regnen und am Ende der Geschichte sind alle Leute nass und dreckig vom Regen und Schmutzwasser einer Pfütze. Aber – und das ist das Wichtige an der Geschichte – am Ende hat das Lachen über die Unwirtlichkeiten des Regenwetters eine Gemeinschaft gestiftet über die zunächst so unterschiedlichen Menschen hinweg: „Sie mussten alle mitlachen." Das Regenwetter, oft symbolisch als Ausdruck für schlechte Laune („Du machst ein Gesicht wie sieben Tage Regenwetter!") wird zum Anstifter gemeinsamer Freude.

Biblischer Bezug

In der Bibel wird überraschenderweise nicht viel gelacht: Das Wort „Lachen" (in der Übersetzung der Lutherbibel von 1984) wird dort weniger als zwanzig Mal gebraucht und wenn, dann eher im Sinne von Auslachen und Verspotten, wie es prägnant im Lachen der Sara über die Ankündigung der Geburt des Isaak erfolgt (Gen 18,12). Ganz anders ist es mit den Worten „Freude" und „sich freuen", die sich in ihrer Vielzahl als Reaktion des Menschen auf das schöpfende, bewahrende und befreiende Handeln Gottes mit ihnen und seiner Welt beziehen. Dies bringt dann auch die Übertragung der Seligpreisungen in der Guten-Nachricht-Bibel zum Ausdruck. „Freuen dürfen sich alle ..." (Mt 5,3).

In ähnlicher Ambivalenz begegnet uns der Regen in der Bibel. Einerseits wird der übermäßige Regen wie in der Sintflutgeschichte (Gen 6ff.) wie auch das Ausbleiben von Regen (z.B. Dtn 11,17; 1 Kön 17f.) als Strafe Gottes erfahren, andererseits ist der Regen Zeichen des Segens Gottes (z. B. Dtn 11,14; Ps 68,10; Hebr 6,7) und Ausdruck seiner Gnade und Barmherzigkeit, die allen Menschen gilt: „Denn er lässt seine Sonne scheinen auf böse Menschen wie auf gute, und er lässt es regnen auf alle, ob sie ihn ehren oder verachten“ (Mt 5,45).

Zeit und Anlass

Eine Andacht im Klassenzimmer mit der Geschichte vom Kind, das immer lachen musste, findet ihren Anlass zum einen natürlich als Antwort auf einen verregneten Tag oder ein verregnetes Wochenende, zum anderen aber – unter dem Aspekt der Gemeinschaft – als Ermutigung zu Beginn der Schulwoche oder des Schuljahrs. Ein solcher Andachtskreis bietet die Möglichkeit, zum Ausdruck zu bringen, was jeden und jede bewegt, beschwert oder heiter stimmt. Sorgen und Hoffnungen kommen zur Sprache und vor Gott.

Vorbereitung und Material

In der gestalteten Mitte eines Stuhlkreises steht neben einer Kerze eine Schale mit Wasser. Wo möglich kann auch ein Zimmerspringbrunnen aufgestellt sein.

In einer Schale liegen in Tropfenform ausgeschnittene Kartonteile in einem dunklen und einem hellen Blauton sowie gelbe Sonnen, Stifte und Pinnwandnägel oder Klebestreifen bereit.

In einer zweiten Schale liegen Blüten bereit, die während des Schlussgebets in die Wasserschale gelegt werden können.

An einer Stellwand, an der Tafel oder an der Seitentafel wird während der Erzählung das Bild zur Geschichte (siehe Deckblatt) großformatig aufgehängt oder mit einem Tageslichtprojektor projiziert. Zunächst steht da der Satz:

> Gott lässt seine Sonne scheinen auf böse Menschen wie auf gute,
> und er lässt es regnen auf alle, ob sie ihn ehren oder verachten.

Ablauf

Musikalisches Vorspiel	
Einführung	Ich begrüße euch heute Morgen ganz herzlich. Miteinander wollen wir die neue Schulwoche [das neue Schuljahr] beginnen, damit wir mit guten Gedanken und Ideen in die neue Zeit gehen. [oder] Heute ist ein ganz dunkler Tag, mit Regen und wenig Sonnenschein. Aber auch der Regen hat schöne Seiten, die uns froh machen können. Darüber wollen wir in unserer Klassenandacht nachdenken.
Lied	Danke für diesen guten Morgen (90,1.4)
Eingangsworte Wir wollen beten:	Wir danken dir für diesen Tag. Schön ist es, wieder zusammen zu sein. Eine neue Woche [ein neues Schuljahr] wartet auf uns. Wir werden lernen und arbeiten, lachen und Spaß miteinander haben, wir werden uns anstrengen und manches wird uns Mühe machen. Es ist gut, wenn wir wissen, dass du für uns da bist, bei uns bist und uns nicht vergisst. Amen.
Hinführung und Aktion	S. 18: Regentropfen, Sonnenscheiben, Psalm
Verkündigungsteil	Erzählung mit Bewegungselementen; s. S. 19
Gebet und Aktion	Blütenblätter, s. S. 20
Segensworte	Jesus sagt: Freuen dürfen sich alle, die nur noch von Gott etwas erwarten – mit Gott werden sie leben in seiner neuen Welt. Wenn wir miteinander lachen oder weinen, ist Gottes neue Welt schon ganz nah. Gottes Segen begleite uns den ganzen Tag. Er gebe uns Kraft für das, was wir tun. Er schenke uns Liebe für das, was wir miteinander erleben. Er behüte unser Leben und das aller Menschen. Amen.
Lied	Komm, Herr, segne uns (60.1)
Nachspiel	

Einführung

„Gott lässt seine Sonne scheinen auf böse Menschen wie auf gute, und er lässt es regnen auf alle, ob sie ihn ehren oder verachten" – Mit diesem Satz, den Jesus einmal gesagt hat, wollen wir den heutigen Tag, die heutige Woche [das neue Schuljahr] beginnen. Von der Sonne ist da die Rede und vom Regen. All das, was uns das Wetter bringen kann, vom schönen und vom schlechten Wetter und was das mit uns zu tun hat, davon werden wir in unserem Morgenkreis singen, beten und hören.

Regen und Sonne – das sind ja auch manchmal Zeichen dafür, wie es uns geht, sichtbar für andere oder nur ganz tief drin. „Du siehst aus wie sieben Tage Regenwetter", sagen wir dann, wenn wir spüren: Da geht es einem gar nicht gut. „Du strahlst wie die Sonne", sagen wir dann, wenn wir sehen: Dem geht es richtig gut!

In jedem von uns steckt heute Morgen ein wenig Regen und ein wenig Sonne. Wir können einen Regentropfen nehmen oder eine Sonnenscheibe und zu unserem Bibelwort heften. Wer möchte, kann etwas darauf schreiben, was heute wie Regen im Herzen ist oder Sonne im Bauch.

Aktion

Die Schülerinnen und Schüler nehmen Regentropfen und/oder Sonnenscheiben, schreiben darauf und heften es an die Stellwand/Tafel. Im Wechsel wird der folgende Psalm gebetet (nach Mt 6,45) – die Schülerinnen und Schüler lesen den Kehrvers (Tafel): Gott lässt seine Sonne scheinen ...

Ich bin aufgeregt.
Was wird mir der neue Tag bringen?
Welche Überraschungen warten auf mich?
Worüber werde ich mir Gedanken machen?

Ich bin fröhlich.
Worüber werde ich mich freuen können?
Kann ich meine Freude an andere verschenken?
Werde ich noch fröhlich sein, wenn der Tag vergangen ist?

Ich bin traurig.
Ich habe schwere Gedanken im Kopf.
Jemand ist böse zu mir gewesen.
Es hat Streit gegeben.

Gebet

Guter Gott, du bist für uns alle da, ob es uns gut geht oder schlecht.
Die Sonne scheint für uns alle und der Regen fällt für uns. Du bist für uns alle da.
Amen.

Erzählung mit Bewegungselementen

Die Sonne lacht, der Regen weint vom Himmel. Könnte es sein, dass man über den Regen lachen kann? Ja, das geht und dazu erzähle ich euch eine Geschichte. Und ihr könnt die Geschichte miterleben, indem ihr nachmacht, was ich mache. Wenn ich die Hand hebe, seid ihr alle wieder still.

Einmal war ein Kind so lustig, dass es immer lachen musste.

▶ Der Erzähler steht auf, beschreibt einen großen Kreis mit den Händen, zeichnet darin mit einem Finger einen Lachmund und macht dabei selbst ein fröhliches Gesicht. Danach setzt er sich wieder.

Das Kind ist mit dem Großvater spazieren gegangen...

▶ Der Erzähler trampelt mit den Füßen.

... da hat es einen tollen Regen geben.

▶ Der Erzähler trommelt mit den Fingern beider Hände unter dem Sitz seines Stuhls.

Sie hatten keine Mäntel und keine Schirme, darum haben sie sich mit den anderen Leuten in einen Hauseingang gestellt.

▶ Der Erzähler hängt das Plakat mit dem Bild zur Geschichte (siehe Deckblatt) an die Tafel/Stellwand oder stellt den OHP mit der Folie an.

Die Leute haben über den Regen geschimpft...

▶ Der Erzähler steht auf, macht einen großen Kreis mit den Händen, zeichnet darin einen Mund mit nach unten gezogenen Mundwinkeln und macht dabei selbst ein missmutiges Gesicht.

... aber das Kind hat nur gelacht.

▶ Der Erzähler beschreibt einen großen Kreis mit den Händen, zeichnet darin mit einem Finger einen Lachmund und macht dabei selbst ein fröhliches Gesicht. Danach setzt er sich wieder.
Beim Folgenden klopft der Erzähler wieder unter dem Stuhlsitz, dann auf dem Kopf.

Der Regen vom Dach ist auf Großvaters Hut getropft, und dort ist er stehen geblieben wie in einer Schüssel.

▶ Beim Folgenden gleitet der Erzähler mit seinen trommelnden Finger ganz langsam über seinen Kopf hinunter in den Hals und den Kragenausschnitt.

Und als der Hut ganz voll Regenwasser war, ist es übergeschwappt und dem Kind in den Kragen gelaufen.

Da musste das Kind noch mehr lachen, und auch der Großvater hat gelacht.

▶ Der Erzähler steht auf, beschreibt einen großen Kreis mit den Händen, zeichnet darin mit einem Finger einen Lachmund und macht dabei selbst ein fröhliches Gesicht und schaut nach rechts und links.

Dann ist ein Lastwagen vorbeigefahren und hat alle Leute voll Schlamm gespritzt, und das Kind war von oben bis unten nass und dreckig.

▶ Der Erzähler steht auf und fährt einmal mit beiden Händen von oben bis unten über seinen Körper. Er bleibt stehen.

Die Leute wollten schon wieder schimpfen...

▶ Der Erzähler macht einen großen Kreis mit den Händen, zeichnet darin einen Mund mit nach unten gezogenen Mundwinkeln und macht dabei selbst ein missmutiges Gesicht.

... aber das Kind musste nur noch mehr lachen, und der Großvater musste auch lachen...

▶ Der Erzähler beschreibt einen großen Kreis mit den Händen, zeichnet darin mit einem Finger einen Lachmund und macht dabei selbst ein fröhliches Gesicht und schaut nach rechts und links.

... und da konnten die Leute nicht mehr schimpfen. Sie mussten alle lachen.

▶ Der Erzähler beschreibt einen großen Kreis mit den Händen und zeichnet darin mit einem Finger einen Lachmund. Danach setzt er sich.
Lied: Danket, danket dem Herrn (7)

Gebet und Aktion

Gott lässt seine Sonne scheinen auf böse Menschen wie auf gute,
und er lässt es regnen auf alle, ob sie ihn ehren oder verachten.

So hat der Regen zum Schluss alle zum Lachen gebracht,
auch jene, die mit dunklen, traurigen oder bösen Gedanken
aus dem Haus gegangen sind.

So hat der Regen allen Freude gebracht. Und sie konnten alle lachen
wie die Blumen, die wachsen und aufgehen, wenn der Regen fällt.

Wer möchte, darf jetzt eine Blüte aus dem Korb nehmen, sie in die Wasserschale legen und sagen, worauf er sich heute [für die nächste Woche, fürs neue Schuljahr] freut. Wir nehmen das, was jemand sagt, als Gebet auf, indem wir sprechen:

Guter Gott, darum bitten wir dich!

Die Schülerinnen und Schüler nehmen die Blüte aus dem Korb und legen sie in die Schale. Dabei sagen sie ggf. Gedanken für die kommende Zeit.

Klassenandacht 2:
Die Geschichte vom Gähnen
oder: Segne uns, Gott, und zwar flott!

Einmal hat ein Mädchen das Schwesterchen im Kinderwagen spazieren gefahren. Das Schwesterchen war müde, es hat gegähnt. Da musste das Mädchen auch gähnen. Die Frau vom Hutladen hat das gesehen, und gleich hat sie mitgegähnt, und die Leute an der Haltestelle und der Zeitungsmann und der Radfahrer, alle mussten auch gähnen. Gerade ist die Straßenbahn gekommen, und der Schaffner hat die vielen offenen Münder gesehen. Da musste er gähnen und gähnen und konnte nicht weiterfahren. Der Mann im Lastwagen wollte wissen, warum die Straßenbahn so lange stehen geblieben ist. Er hat sich aus dem Fenster gebeugt und sofort musste er gähnen. Das haben die anderen Autofahrer gesehen. Sie haben gleich die Autos angehalten und gegähnt. Der Polizist wollte auf seiner Pfeife trillern. Alle sollten endlich weiterfahren. Aber er konnte nicht in die Pfeife blasen, er musste auch gähnen. Bald haben alle Leute und alle Hunde und Katzen in der Stadt gegähnt, auch der Schornsteinfeger auf dem Dach und sogar die Regenwürmer in der Erde. Da war es aber schon Abend und alle sind früh schlafen gegangen.

Thematischer Impuls

Dass Gähnen ansteckend wirkt, davon erzählt die Geschichte vom Gähnen in einer Art Kettenreaktion vom Kind im Kinderwagen bis zu den Regenwürmern unter der Erde.

In einem auf den ersten Blick seltsamen Bezug wird diese Geschichte mit dem Segen in Verbindung gebracht. Wir sind es heute kaum noch gewöhnt, Lebensbezüge mit dem Segen und der Hilfe Gottes in Zusammenhang zu bringen.

Als kleines Spiel nach der Mittags- bzw. großen Frühstückspause wird die Geschichte vom Gähnen erzählt. Um wieder in Schwung für die weiteren Aufgaben des Tages zu kommen, werden zwei Gruppen gebildet, die jeweils nacheinander – immer wenn es ums Gähnen geht – dreimal mit den Händen auf den Tisch klopfen, aufstehen, einen Spruch sagen und sich wieder setzen. Als Eingangsteil werden Gebetsworte und ein Psalm im Wechsel gesprochen, die einen Bezug zur Pausenmahlzeit finden.

Biblischer Bezug

Das Ritual des Segnens gehört zu den Urformen religiöser Handlungen; es dient zur spirituellen Wahrnehmung wichtiger Knotenpunkte im Lebenslauf des Menschen (Geburt, Hochzeit, Sterben und Tod u.a.) und des Rhythmus von Tageslauf und Jahreslauf (Morgen- und Abendsegen, Segnung von Vieh und Ernte). Als religiöse Handlung gehört der Segen nicht erst in den gottesdienstlichen Rahmen der Kultusgemeinde (vgl. der aaronitische Segen in Num 6), sondern bereits in den alltäglichen Lebensvollzug der Sippe und Familie (vgl. die Segnung Jakobs und Esaus durch Isaak in Gen 27).

Zeit und Anlass

In vielen Grundschulen hat bereits der Ganztagsunterricht Einzug gehalten, sowohl im Sinne einer offenen Ganztagsschule mit Unterteilung von Unterricht und Betreuung am Vormittag bzw. Nachmittag als auch durch Rhythmisierung von Unterrichts- und Betreuungsphasen. Die kleine Andacht ist für den Mittagskreis, ggf. nach dem gemeinsamen Mittagsessen gedacht, kann aber auch im Bereich eines gemeinsamen Frühstücks seinen Einsatz finden.

Vorbereitung und Material

Man sollte so auf seinem Stuhl sitzen, dass man zum Bewegungsspiel gut aufstehen kann. Eine Einführung in die Andacht wie auch ein musikalisches Vor- und Nachspiel entfällt.

Ablauf

Lied	Gib uns Frieden jeden Tag (28)
Eingangsworte	Gott, du schenkst uns in der Mitte des Tages ein paar Minuten der Stille. Die Ruhe tut uns gut. Wir danken dir. Vor dir denken wir nun an die vielen Menschen, denen es schlechter geht als uns. Wir hören von Krieg und Unfrieden, Gewalt siegt über das Recht, und wer die stärkeren Waffen hat, behält das Sagen. Wir erleben Unfrieden und Hass ganz in unserer Nähe und auch bei uns selbst. Wir tragen unseren Teil zu Streit und Unfrieden auf der Welt bei. Wir bitten dich: Gott, gib uns deinen Frieden.
Psalmlitanei	S. 24: Nach Psalm 11; mit Kehrvers: Gott, gib uns deinen Frieden.
Abschlussgebet	Guter Gott, gib uns deine Liebe, dass wir an der Not der Menschen nicht vorübergehen, sondern mutig anfangen, im Licht deiner Güte zu leben. Ohne dich, guter Gott, können wir nichts tun. Wir warten auf dich, bitte, erhöre uns.
Bewegungsspiel	S. 24/25
Segensworte	Ob wir wach sind oder schlafen, du bist immer bei uns, guter Gott. Dein Segen begleite uns den ganzen Tag. Er stärke uns bei unserer Arbeit, er schütze uns in unserer Freizeit. Er behüte unser Leben und das unserer Familien. Amen.
Lied	Gott, dein guter Segen (31)

Psalmlitanei

Gott, gib uns deinen Frieden.

Gott ist der Gedanke, der mir eine neue Hoffnung gibt.

Gott, gib uns deinen Frieden.

Gott ist der Ort, wo ich in meiner Angst geborgen bin.

Gott, gib uns deinen Frieden.

Gott ist die Kraft, die mich in meiner Furcht nicht fallen lässt.

Gott, gib uns deinen Frieden.

Gott ist der Allmächtige, mit einem Blick durchschaut er uns Menschen.

Gott, gib uns deinen Frieden.

Gott ist der Gerechte, mit einem Fingerzeig trennt er die Guten von den Bösen.

Gott, gib uns deinen Frieden.

Gott ist der Herr, seine Gerechtigkeit breitet sich aus über die ganze Erde.

Gott, gib uns deinen Frieden.

Bewegungsspiel

Gähnen ist ansteckend. Nur mit viel Einsatz kann man sich gegen das Gähnen wehren – und vielleicht auch ein bisschen mit Gottes Hilfe...

Einmal hat ein Mädchen das Schwesterchen im Kinderwagen spazieren gefahren. Das Schwesterchen war müde, es hat gegähnt.

Gruppe 1	Gruppe 2
3 × mit den Händen auf den Tisch klopfen	3 × mit den Händen auf den Tisch klopfen
Nein, nein, nein! (aufstehen) Ich schlaf nicht ein! (hinsetzen)	Hilf mir, Gott (aufstehen), und zwar flott! (hinsetzen)

Da musste das Mädchen auch gähnen.

- Gruppe 1: Nein, nein, nein! Ich schlaf nicht ein!
- Gruppe 2: Hilf mir Gott, und zwar flott!

Die Frau vom Hutladen hat das gesehen, und gleich hat sie mitgegähnt.

- Gruppe 1: Nein, nein, nein! Ich schlaf nicht ein!
- Gruppe 2: Hilf mir Gott, und zwar flott!

Und die Leute an der Haltestelle und der Zeitungsmann und der Radfahrer, alle mussten auch gähnen.

▶ Gruppe 1: Nein, nein, nein! Ich schlaf nicht ein!

▶ Gruppe 2: Hilf mir Gott, und zwar flott!

Gerade ist die Straßenbahn gekommen und der Schaffner hat die vielen offenen Münder gesehen. Da musste er gähnen und gähnen und konnte nicht weiterfahren.

▶ Gruppe 1: Nein, nein, nein! Ich schlaf nicht ein!

▶ Gruppe 2: Hilf mir Gott, und zwar flott!

Der Mann im Lastwagen wollte wissen, warum die Straßenbahn so lange stehen geblieben ist. Er hat sich aus dem Fenster gebeugt, und sofort musste er gähnen.

▶ Gruppe 1: Nein, nein, nein! Ich schlaf nicht ein!

▶ Gruppe 2: Hilf mir Gott, und zwar flott!

Das haben die anderen Autofahrer gesehen. Sie haben die Autos angehalten und gegähnt.

▶ Gruppe 1: Nein, nein, nein! Ich schlaf nicht ein!

▶ Gruppe 2: Hilf mir Gott, und zwar flott!

Der Polizist wollte auf seiner Pfeife trillern. Alle sollten endlich weiterfahren. Aber er konnte nicht in die Pfeife blasen, er musste auch gähnen.

▶ Gruppe 1: Nein, nein, nein! Ich schlaf nicht ein!

▶ Gruppe 2: Hilf mir Gott, und zwar flott!

Bald haben alle Leute und alle Hunde und Katzen in der Stadt gegähnt.

▶ Gruppe 1: Nein, nein, nein! Ich schlaf nicht ein!

▶ Gruppe 2: Hilf mir Gott, und zwar flott!

Auch der Schornsteinfeger auf dem Dach und sogar die Regenwürmer in der Erde haben gegähnt.

▶ Gruppe 1: Nein, nein, nein! Ich schlaf nicht ein!

▶ Gruppe 2: Hilf mir Gott, und zwar flott!

Da war es aber schon Abend und alle sind früh schlafen gegangen.

Wir alle sind jetzt hoffentlich wieder wach geworden. Wir können mit unserer Arbeit weitermachen unter dem Segen Gottes ...

Klassenandacht 3:
Die Geschichte vom kleinen Hund mit dem Knochen
oder: Vom Teilen und Teilhaben

Einmal hat ein kleiner Hund einen Knochen gefunden. Gleich ist ein großer Hund gekommen, er hat geknurrt und die Zähne gefletscht und böse Augen gemacht und dem kleinen Hund den Knochen abgenommen. Jetzt wollte der große Hund den Knochen fressen. Aber da ist ein anderer großer Hund gekommen, der wollte auch den Knochen haben. Die beiden großen Hunde haben sich angeknurrt und die Zähne gefletscht und böse Augen gemacht. Sie sind immer im Kreis um den Knochen herumgelaufen und einer hat nach dem andern geschnappt. Da ist der kleine Hund zwischen den beiden großen Hunden hindurchgeschlüpft und hat sich den Knochen geholt und ist schnell damit weggerannt. Die beiden großen Hunde haben gar nichts davon gemerkt. Sie sind immer weiter im Kreis herumgerannt und haben geknurrt und die Zähne gefletscht und böse Augen gemacht. Aber da war ja gar kein Knochen mehr! Den hatte der kleine Hund längst aufgefressen.

Thematischer Impuls

Ein kleiner Hund findet einen Knochen. Zwei große Hunde wollen ihm den Fund abnehmen und geraten dabei aneinander. Während die beiden großen Hunde um den Knochen streiten, schnappt sich der kleine Hund unbemerkt den Knochen und frisst ihn auf.

„Wenn zwei sich streiten, freut sich der Dritte." Vordergründig reflektiert die Geschichte dieses bekannte Sprichwort und führt dabei gleichzeitig das Recht, das sich die Stärkeren nehmen, ad absurdum: Im Machtvakuum, das durch den Streit der Großen entsteht, nimmt sich der Kleine, was er zum Leben braucht.

Auf der vorkonventionellen Ebene des moralischen Urteils mag dieses Ende der Geschichte dem Gerechtigkeitssinn entsprechen, dem auch Kinder im Grundschulalter zustimmen. Wo nicht nur der Einzelne, sondern die Gemeinschaft in das moralische Urteil einbezogen wird, leitet die Geschichte von den drei Hofhunden zur Suche nach alternativen Lösungen an: Ist es gerecht, dass am Ende einer alles hat?

Biblischer Bezug

„Fünf Brote und zwei Fische, fünftausend werden satt…" Die Speisungswunder (Mt 14,13–21par.) des Neuen Testaments können als Antithese zur Geschichte von den drei Hofhunden gesehen werden. Sie bieten eine Alternative an, dem Mangel Herr zu werden und gleichzeitig Gerechtigkeit für alle walten zu lassen. Jesus selbst und die ersten Christen verstanden diese Wunder und ihre Mahlgemeinschaft vermutlich als Vorzeichen und Vergegenwärtigung des kommenden Reiches Gottes. Die Mahlgemeinschaft und die Abendmahlsgemeinschaft wurden so zu einem wichtigen Kennzeichen der Urgemeinde (Apg 2,42–47); Störung und Verweigerung dieser Gemeinschaft führten zu Konflikten und Spaltungen (Gal 2,11ff.; 1 Kor 11,17ff.). Dieses religiöse Motiv der Mahlgemeinschaft korrespondiert dementsprechend mit dem ethischen Motiv des gerechten Teilens und der gerechten Teilhabe aller an dem, was eine christliche Gemeinschaft haben und geben kann. Verändertes Verhalten erwächst dabei aus der Erfahrung gelebter gottesdienstlicher Gemeinschaft, Ethik wurzelt in der Religion.

Zeit und Anlass

Ein Gottesdienst zum Thema „Teilen und Teilhaben“ kann seinen Ort in der Nähe des Erntedankfestes finden, aber auch immer dort, wo Gemeinschaft erlebt und gestiftet werden kann. Im Verkündigungsteil stehen sich Darbietung und Erzählung der Geschichte vom kleinen Hund mit dem Knochen und die Geschichte von der Speisung der 5000 gegenüber, die Erzählung korrespondiert mit der Erfahrung von Mahlgemeinschaft.

Der Gottesdienst ist als Klassenandacht konzipiert und kann z.B. den Abschluss einer Beschäftigung mit dem Thema „Erntedank“ oder „Teilen“ stehen. Wird der Gottesdienst in größerem Rahmen gefeiert, sollten Alternativen für die Mahlgemeinschaft bedacht werden (z.B. Schülerinnen und Schüler verteilen kleine, selbstgebackene Brotstücke im Gottesdienstraum. Falls sich die Sitzordnung ändern lässt, bilden sich kleine Kreise von 10–20 Personen.)

Vorbereitung und Material

Für die Klassenandacht bietet sich ein Stuhlkreis um eine gestaltete Mitte an. Steht die Andacht im Zusammenhang mit einer Unterrichtsreihe zum Thema „Erntedank“, kann die Mitte mit Erntegaben geschmückt sein. Für die Darbietung der Lachgeschichte ergeben sich zwei Alternativen: Die Geschichte wird mit drei Kuscheltieren in der gestalteten Mitte „nachgestellt“ oder als OHP gestützte Erzählung mit Hilfe von Folienfiguren (siehe Materialanlage) präsentiert.

Für die Vorbereitung der Mahlgemeinschaft kann die Klasse Brötchen oder Muffins und zwei kleine Brote in Form eines Fisches backen.

Ablauf

Musikalisches Vorspiel; Einführung	Heute wollen wir darüber nachdenken, woher unsere Speisen kommen. Wovon wir satt werden. Für Früchte, Korn, Gemüse, Milch und vieles andere wollen wir danken. Und denken an die, die von all dem zu wenig haben. Wir fragen uns auch: Wie gelingt uns das Teilen?
Lied	Herr, gib uns Mut zum Brückenbauen (40,1–2)
Eingangsworte	In der Bibel stehen die Worte: „Es warten alle auf dich, dass du ihnen Speise gibst zur rechten Zeit." Wir feiern diesen Gottesdienst, weil Gott für uns sorgt. Wir feiern diesen Gottesdienst, weil Jesus Christus uns Gottes Liebe bringt. Wir feiern diesen Gottesdienst, weil Gottes Geist uns zu einer Gemeinschaft macht. Amen.
Psalm im Wechsel	S. 29; Kehrvers: Du bist mein Retter, komm und hilf mir!
Gebet	Lieber Vater im Himmel, danke, dass du uns nahe sein willst. Du willst für uns da sein, wenn wir uns schwach und klein fühlen, einsam und allein. Du möchtest nicht, dass wir unsere Stärken und Kräfte dazu benutzen, anderen weh zu tun. Wir vertrauen darauf, dass du jetzt bei uns bist und unsere Feier begleitest. Amen.
Lied	Herr, gib mir Mut ..., 3–4
Verkündigungsteil	S. 30: Spiel mit Figuren oder OHP; Gespräch S. 32: Speisung der 5000; S. 33: Aktion
Gebet	S. 33; Kehrvers: Herr, gib uns Mut; und: Vaterunser
Segensspruch	Gott behüte uns in seiner Welt: Er schenke uns Augen, damit wir sehen, was andere nötig haben, er schenke uns Zeit, um füreinander da zu sein. Amen.
Lied; Nachspiel	Viele kleine Leute (89)

Psalm

(im Wechsel zu beten)

Bleib nicht fern von mir, Herr!
Du bist mein Retter, komm und hilf mir!

Manchmal zerren alle an mir herum
und treten mir auf die Füße.
Dann weiß ich gar nicht mehr,
wo rechts und links ist.

Bleib nicht fern von mir, Herr!
Du bist mein Retter, komm und hilf mir!

Manchmal achtet niemand auf mich
und keiner will mit mir zu tun haben.
Dann weiß ich gar nicht mehr,
ob ich gut bin oder schlecht.

Bleib nicht fern von mir, Herr!
Du bist mein Retter, komm und hilf mir!

Manchmal fühle ich mich richtig stark
und ich zahle es den anderen heim.
Dann weiß ich nicht mehr,
ob es mir leid tun soll oder nicht.

Bleib nicht fern von mir, Herr!
Du bist mein Retter, komm und hilf mir!

Manchmal bin ich klein und schwach
und niemand kümmert sich um mich.
Dann weiß ich nicht mehr,
ob ich daran Schuld bin oder die anderen.

Bleib nicht fern von mir, Herr!
Du bist mein Retter, komm und hilf mir!

Erzählung mit Figuren oder Tageslichtprojektor | Gespräch

▶ Beim Erzählen Spielen/Zeigen: Stofftieren oder Folienteilen (S. 34)

Einmal hat ein kleiner Hund einen Knochen gefunden.

▶ Der Knochen wird in die Mitte gelegt.

Der Knochen lag da im Hinterhof. Er gehört niemand. Vielleicht hatte ihn jemand wegwerfen wollen. Auf dem Weg zum Mülleimer ist er ihm herausgefallen. Nun lag er dort auf dem Hinterhof.

▶ Den kleinen Hund vor den Knochen legen.

Der kleine Hund denkt: „Der Knochen gehört niemanden. Das ist jetzt mein Knochen. Der Knochen gehört jetzt mir. Den esse ich ganz allein auf."

▶ Den ersten großen Hund vor den kleinen Hund stellen.

Gleich ist ein großer Hund gekommen, er hat geknurrt und die Zähne gefletscht und böse Augen gemacht und dem kleinen Hund den Knochen abgenommen.

▶ Den Knochen näher an den großen Hund legen. Den kleinen Hund etwas Abseits stellen.

Der große Hund denkt: „Das ist jetzt mein Knochen. Mmh, wie lecker der riecht. Den esse ich ganz allein auf.

▶ Den zweiten großen Hund vor den ersten großen Hund stellen.

Aber da ist ein anderer großer Hund gekommen, der wollte auch den Knochen haben. Die beiden großen Hunde haben sich angeknurrt und die Zähne gefletscht und böse Augen gemacht. Sie sind immer im Kreis um den Knochen herum gelaufen.

▶ Die beiden großen Hunde werden im Kreis um den Knochen mehrmals umgestellt.

Und einer hat nach dem anderen geschnappt.

▶ Der kleine Hund wird kurz gestreichelt.

Und der kleine Hund? Der kleine Hund ist zwischen den beiden großen Hunden hindurchgeschlüpft und hat sich den Knochen geholt...

▶ Der kleine Hund wird langsam zu den großen Hunden geführt und vor den Knochen gestellt.

... und ist schnell mit dem Knochen weggerannt.

▶ Der kleine Hund wird mit dem Knochen Abseits aufgestellt.

Und die beiden großen Hunde?

▶ Die Unterrichtende zeigt auf die großen Hunde.

Die beiden großen Hunde haben gar nichts davon gemerkt. Sie sind immer wieder im Kreis herumgerannt und haben geknurrt und die Zähne gefletscht und böse Augen gemacht.

▶ Die großen Hunde werden noch ein paar Mal im Kreis bewegt.

Und der Knochen? Da war gar kein Knochen mehr!

▶ Der Knochen wird weggenommen.

Den hatte der kleine Hund längst aufgegessen. Und du?

▶ Die Unterrichtende weist auf die Schülerinnen und Schüler im Kreis.

Und du? Was meinst du? War da alles richtig in der Geschichte? Geht alles gut aus, oder was hätte anders sein können?

Mit diesen Fragen beginnt eine

Gesprächsrunde

Als „Sprechstein" kann der Hundeknochen dienen.

Nach einigen spontanen Äußerungen können die Schülerinnen und Schüler den folgenden Halbsatz ergänzen:

„Wenn *ich* den Knochen gefunden hätte, dann ...".

Erfahrungsgemäß schwanken die Schüleräußerungen zwischen den Alternativen: „Der Knochen gehört dem kleinen Hund, denn er hat ihn zuerst gefunden" bis hin zu der Erkenntnis: „Die drei Hunden hätten sich den Knochen ja auch teilen können."

Überleitung zur Geschichte von der Speisung der 5000

Ob da alles richtig war in der Geschichte? Die einen sagen: „Ja, das war richtig. Der kleine Hund hat den Knochen zuerst gefunden. Er gehört ihm. Er darf ihn ganz allein essen."

Die anderen sagen: „Nein, so geht das nicht. Jeder hatte Hunger. Sie hätten den Knochen ja auch teilen können." Wer wohl Recht hat mit seiner Meinung? Hätte der Knochen wirklich gereicht, damit alle satt werden? Hätten sich die Hunde weiter gestritten?

Die Speisung der 5000 – Erzählung

Ich möchte euch eine andere Geschichte erzählen, ganz kurz. In dieser Geschichte geht es nicht um Hunde, sondern um Menschen, um viele Menschen, 5000 Menschen. Und die haben alle Hunger.

Diese Menschen hatten den ganzen Tag zugehört, wie ihnen Jesus von Gott erzählte. So spannend und schön war das, dass sie darüber die Zeit vergaßen. Nun war es Abend, sie waren müde und hatten Hunger, aber nirgendwo gab es etwas zu essen, sie waren weit weg von jeder Stadt und jedem Dorf.

Da sagt Jesus zu seinen Freunden: „Gebt ihr ihnen zu essen.“ Da sagen die Freunde erstaunt: „Wir? Womit sollen wir 5000 Menschen satt machen? So viel haben wir nicht.“ Und einer sagt: „Alles was wir haben, sind fünf Brote und zwei Fische. Das reicht nicht einmal für uns.“

▶ An dieser Stelle kann ein Korb mit den selbstgebackenen Broten und Fischen in die Mitte gestellt werden.

Jesus sagt: „Bringt die Brote und die Fische zu mir.“ Und dann nimmt er die fünf Brote und zwei Fische und spricht ein Gebet und dankt Gott für die Gaben. Dann verteilt er die Brote und die Fische an seine Freunde und die geben sie weiter an die Menschen um sie herum, 5000 Menschen. Und?

▶ Hier können ggf. Reaktionen der Schülerinnen und Schüler abgewartet werden. Meist kennen einige Kinder die Geschichte und erzählen sie zu Ende.

Und? Alle werden satt, ja richtig satt. Und als man die Reste aufsammelte, blieb sogar noch einiges übrig.

Gesprächsrunde

Ihr sagt: „Das geht doch nicht? Fünf Brote und zwei Fische und alle werden satt?“

Nun, vielleicht war es ein Wunder. Und vielleicht besteht ja das Wunder darin, dass alle Hunger hatten, aber jeder nicht nur an seinen eigenen Hunger dachte, sondern auch an den Hunger der anderen.

Und jeder vielleicht zu sich sagte: „Wenn ich jetzt zu viel nehme, bleiben die andern hungrig. Wenn wir teilen, haben wir alle etwas davon.“

Aktion

Fünf Brote und zwei Fische,
fünftausend werden satt,
wenn Jesus lädt zu Tische,
den, der da Hunger hat.

Die 5000 Menschen um Jesus haben eine wunderbare Erfahrung gemacht: Wer teilt und Teil gibt anderen, stillt nicht nur seinen Hunger, sondern teilt Freude aus und Glück.

Diese Erfahrung wollen wir jetzt auch machen, wenn wir die Brote und die Fische essen. Wir teilen und verteilen untereinander. Jeder gibt dem anderen, keiner nimmt sich selbst.

Er sagt: Geh, sei mein Bote,
teil aus an meiner Statt,
zwei Fische und zwei Brote,
und alle werden satt.

Die Brote und Fische werden verteilt und zwar so, dass jeder und jede dem anderen gibt. Wo es möglich ist, wird zusätzlich noch Saft gereicht. Im Hintergrund des Mahls kann leise Musik erklingen.

Gebet

Herr, gib uns Mut.

Wir möchten entdecken, was dem anderen fehlt.
Wir möchten spüren, wo die Not am größten ist.
Wir möchten erfahren, was anderen Menschen gut tut.
Wir wollen in Frieden miteinander leben.

Herr, gib uns Mut.

Wir möchten unsere Stärken dafür einsetzen, damit andere leben können.
Wir möchten dort helfen, wo jemand sich selbst nicht helfen kann.
Wir möchten Menschen unterstützen, deren Leid wir spüren.
Wir wollen in Frieden miteinander leben

Herr, gib uns Mut.

Wir bitten um Vertrauen, das wir einander schenken.
Wir bitten um Liebe, die für uns da ist.
Wir bitten um deinen Segen, der uns begleitet.

Herr, gib uns Mut.

Amen.

Folienteile zu Spiel / Erzählung: Der kleine Hund

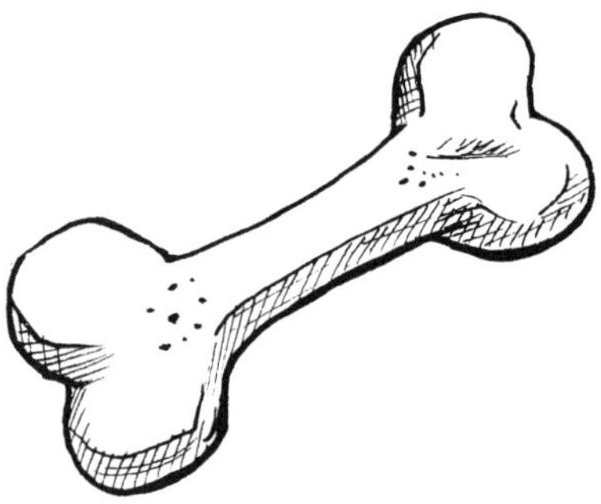

Klassenandacht 4

Die Geschichte von der Maus im Laden
oder: Es ist genug für alle da
(Thema: Erntedank)

Die Geschichte von der Maus im Laden
oder: Es ist genug für alle da

Einmal ist eine Maus nachts in den Laden gelaufen. Sie hat all die guten Sachen gerochen: Butter und Speck und Wurst und Käse und Brot und Kuchen und Schokolade und Äpfel und Nüsse und frische Möhren. Zuerst hat sie sich auf die Hinterbeine gesetzt und das Schnäuzchen in die Luft gestreckt und vor Freude gepfiffen. Aber womit sollte sie jetzt anfangen? Sie wollte grade an einem Butterpaket knabbern, da hat es von der einen Seite so gut nach Speck gerochen, und von der anderen Seite hat es so gut nach Käse gerochen! Sie wollte grade am Käse knabbern, da hat es von der einen Seite so gut nach Wurst gerochen, und von der anderen Seite hat es so gut nach Schokolade gerochen! Sie wollte grade an der Schokolade knabbern, da hat es von der einen Seite so gut nach Kuchen gerochen, und von der anderen Seite hat es wieder so gut nach Butter gerochen! Die arme Maus ist immer hin und her gerannt. Sie wusste und wusste und wusste nicht, was sie zuerst fressen sollte. Und auf einmal war es hell, und die Leute sind in den Laden gekommen. Sie haben die Maus nach draußen gejagt. Die hat zu den anderen Mäusen gesagt: „Nie mehr gehe ich in den Laden! Wenn man gerade anfangen will zu fressen, wird man weggejagt!"

Thematischer Impuls

Eine Maus verbringt eine Nacht in einem Lebensmittelladen. Völlig überfordert von den vielen Angeboten für Augen, Nase und Mund läuft sie von einer Auslage zur nächsten, ohne wirklich zu essen, bis sie schließlich hungrig und enttäuscht am Morgen aus dem Laden gejagt wird: „Nie mehr gehe ich in den Laden ..."

Diese Mausgeschichte ist eine Parabel und Parodie auf die Wohlstands- und Überflussgesellschaft. Mit ihrem unerschöpflichen Angebot macht sie nicht etwa glücklich, sondern erzeugt Orientierungslosigkeit. Dass alles erreichbar ist, erschwert die Wahl; die Angst, etwas zu verpassen, verhindert sowohl den Genuss als auch die Dankbarkeit.

Welches alternative Ende würde diese Geschichte finden, wenn die Maus den Reichtum des Ladens nicht nur mit ihren Augen, sondern mit den Augen aller sehen würde? Wenn sie ihrer Mäuseschar zum Ende hin vom Reichtum dieses Ladens erzählen würde? Wenn sie sie in der kommenden Nacht zu einem großen Festessen einladen würde?

Biblischer Bezug

„Herr, wie sind deine Werke so groß und viel! Du hast sie alle weise geordnet und die Erde ist voll deiner Güter!" (Ps 104,24) – Der Schöpfungsglaube des Alten Testaments ist Ausdruck und Konsequenz des Staunens über die nicht von Menschen gemachte Ordnung, in der jedes Lebewesen seinen ihm angemessenen Platz wie auch seine Versorgung hat.

„Es warten alle auf dich, dass du ihnen Speise gebest zur rechten Zeit…“ (Ps 104,27) – Der Mensch wird in der Bibel nicht isoliert als „Krone der Schöpfung“ wahrgenommen, sondern ist eingebunden in ein System des Zusammenlebens, in dem jedem Lebewesen ausreichend Raum und Nahrung zur Verfügung stehen. Überfluss soll nicht zu Habgier und zu Eigensucht verführen, sondern zur Freigebigkeit: Alle dürfen teilhaben an den Gaben der Schöpfung – „Schmecket und sehet, wie freundlich der Herr ist“ (Ps 34,9a).

Die Erfahrung und die Hoffnung, dass genug für alle da ist, spiegelt sich deshalb in einer Vielzahl von Psalmworten, in der Sozialkritik der Propheten wie in den Gleichnissen und Speisungswundern des Neuen Testaments und mündet ein ins Loblied auf Gott, den Schöpfer: „Lobe den Herrn, meine Seele! Halleluja“ (Ps 104,35)!

Zeit und Anlass

Das Erntedankfest gehört zu den kreativsten und damit wandlungsfähigsten Festen im Kirchenjahr. Es gelingt ihm immer wieder, neue Zugänge zur Schöpfung Gottes zu finden und zu gestalten: Dank für die eingebrachte Ernte, Fürbitte für die Notleidenden in der Welt, Warnung vor Umweltverschmutzung, Freude über die Wunder der Welt. Wir danken für Fülle und Vielfalt, wir beklagen die Ungerechtigkeiten der Verteilung, wir geloben gemeinsame Initiativen für eine gerechtere Welt.

Ein Gottesdienst oder eine Klassenandacht mit der Geschichte von der Maus im Laden kann die Erfahrung von Überfluss mit dem Gedanken gerechter Verteilung und Teilhabe verbinden und damit zu Dank und Gotteslob motivieren. Psalmverse leihen uns dazu Worte und Bilder.

Vorbereitung und Material

Die Geschichte von der Maus im Laden wird mit Hilfe des dazugehörigen Bildes in den Lachgeschichten oder mit der hier abgedruckten Neuzeichnung präsentiert (S. 35). Einen Eindruck von der Nahrungsfülle, die der Laden bieten, erhalten die Kinder, wenn sie sich Fehler suchend mit den Kopiervorlagen auf S. 35 und S. 44 beschäftigen. Das Originalbild (S. 35) wird außerdem als Plakat oder OHP-Folie benötigt. Die Mausfigur liegt in einer kreisrunden Scheibe oder als Folienteilchen vor.

In der gestalteten Mitte oder auf einem besonderen Tisch ist ein „Nahrungsmittel-Memory“ vorbereitet: Je nach Klassenstärke werden unter einem Feld (z.B. ein Raster von 5 × 5 für 25 Schülerinnen und Schüler) mit umgedrehten undurchsichtigen Bechern (Joghurtbecher oder Trinkbecher) je zwei gleiche Nahrungsmittelstücken gelegt (Brot, Käse, Wurst, Kuchen, Apfelstück, Rosinen, Kirschen usw.). Wie bei einem Memory-Spiel werden reihum je zwei Becher umgedreht. Wer zwei gleiche Nahrungsmittel findet, wählt einen Mitschüler oder eine Mitschülerin aus, mit dem/der er die Fundsachen teilt.

Beide zusammen ziehen aus einem Korb der Psalmzitate (siehe unten) eine Karte für das Schlussgebet. Anders als beim bekannten Memoryspiel scheiden diese beiden Mitspieler aus und wählen eine Mitschülerin oder einen Mitschüler aus, die weiter machen darf. Zum Ende des Spiels hat jeder etwas bekommen: „Es war genug für alle da!“

Vorschläge für die Psalmzitate

Ich will dir singen, solange ich lebe.
Ich will dir spielen, solange ich bin.
(Ps 104,33)

Wie wunderbar hast du alles gemacht, wie sorgsam geplant! (Ps 40,6)

Licht ist dein Kleid, das du anhast. (Ps 104,2)

Du bist der, der uns hilft und überreich beschenkt. (Ps 65, 6.10)

Alles, was atmet, lobt dich. (Ps 150,6)

Du hältst mich liebevoll an der Hand. (Ps 73,23)

Du gibst den Hungrigen Brot. (Ps 146,7)

Alle Augen warten auf dich.
Und du gibst ihnen Speise zur rechten Zeit. (Ps 104,27)

Gnädig und barmherzig ist der Herr, geduldig und von großer Güte. (Ps 103,8)

An dir kann ich mich erfreuen.
Was mein Herz wünscht, wirst du mir geben. (Ps 37,4)

So hoch sich der Himmel über die Erde wölbt, so weit umfängt deine Liebe uns. (Ps 103,11)

Von dir kommt alles Leben. (Ps 36,10)

Freue dich deiner Werke, ich freue mich über dich. (Ps 104,31.34)

Du sorgst für mich wie ein Hirte,
an nichts wird es mir fehlen. (Ps 23,2)

Du sättigst mein Leben mit Gutem. (Ps 104,28)

Du bist Sonne und wärmst uns. (Ps 84)

Lobe den Herrn, meine Seele,
und vergiss nicht, was er dir Gutes getan hat. (Ps 103,1)

Die Erde ist voll deiner Güter. (Ps 104,24)

Wird der folgende Vorschlag für einen Schulgottesdienst umgeschrieben, können Original-Fälschung-Bilder (s.o.) auch in der Vorbereitung des Gottesdienstes ihren Einsatz finden. Die Geschichte von der Maus im Laden kann in eine kleine Spielhandlung für den Gottesdienst in der Kirche umgeschrieben werden. Die Erntegaben in der Kirche bilden dann die Kulisse für den wunderbaren Reichtum des Ladens.

Ablauf

Musik, Einführung	Heute möchte ich noch gar nicht verraten, worum es in der Klassenandacht geht. Lasst euch einfach einmal überraschen. Denn um jemanden, der eine große Überraschung erlebt, darum geht es in der Geschichte, die wir kennen lernen wollen. Und natürlich geht es um die Überraschungen, die sich unter diesen Bechern verbergen.
Lied	Erd' und Himmel sollen singen (22)
Eingangsworte	In der Bibel stehen die Worte: „Danket dem Herrn, denn er ist freundlich. Sein Güte währet ewiglich." Wir feiern diesen Gottesdienst, weil wir Gott danken wollen. Wir feiern diesen Gottesdienst, weil Gott uns mit Jesus Christus freundlich begegnet. Wir feiern diesen Gottesdienst, weil Gottes Geist immer für uns da ist. Amen.
Psalm (nach Ps 103,1)	S. 40; mit Kehrvers: Lobe den Herrn, meine Seele, und vergiss nicht, was er dir Gutes getan hat (Psalm 103,1).
Gebet	Lieber Vater im Himmel, öffne unsere Augen, dass wir entdecken, wie gut du es mit uns meinst. Deine Welt ist wunderbar. Dein Segen liegt auf jedem Tag. Und wir wissen: Du bist für uns da. Amen.
Lied	Dass du mich einstimmen lässt (8), Strophe 1–3
Aktion	S. 35 und 44: Suchbild
Verkündigungsteil	S. 41: Erzählung mit Veranschaulichung (S. 35, Maus-Bild, S. 44)
Lied	Segne, Vater, diese Gaben (80)
Aktion/Gebet	S. 43: Memoryspiel/Gebet aus den Psalmsprüchen S. 38
Lied	Gott ist gut (36)
Vaterunser	
Segensworte/ Musik	Gott sei immer für uns da. Er schenke uns Augen, die sehen, wie gut er es mit uns meint. Er schenke uns Ohren, die hören, wie alle Welt seine wunderbaren Gaben preist. Er schenke uns einen Mund, der von seiner Liebe singt. Amen.

Psalm

Im Wechsel zu beten

Lobe den Herrn, meine Seele,
und vergiss nicht, was er dir Gutes getan hat.

In unserer Welt gibt es so viel Wunderbares zu entdecken:
Die Sonne, die mich am Morgen weckt.
Der Regen, der dem Land gut tut.
Der Wind, der die Luft frisch werden lässt.
Warum ist das alles so, wie es ist?

Lobe den Herrn, meine Seele,
und vergiss nicht, was er dir Gutes getan hat.

In unserer Welt gibt es so viele Gefahren:
Die Hitze, unter der Menschen leiden müssen.
Der Hagel, der das Getreide auf dem Feld zerstört.
Der Sturm, in dem selbst große Häuser wackeln.
Warum ist das alles so, wie es ist?

Lobe den Herrn, meine Seele,
und vergiss nicht, was er dir Gutes getan hat.

In unserer Welt gibt es so Vieles, für das ich dankbar sein kann:
Ich brauche mir keine Sorgen zu machen, ob ich morgen etwas zu essen habe.
Ich brauche keine Angst zu haben, dass ich ganz allein da stehe.
Ich brauche mir keine Gedanken darüber machen, was ich morgen anziehen soll.
Warum ist das alles so, wie es ist?

Lobe den Herrn, meine Seele,
und vergiss nicht, was er dir Gutes getan hat.

In unserer Welt kann ich die Liebe Gottes spüren:
Bei jedem Lachen, das über meine Lippen geht.
Mit jeder Träne, die ich weinen muss.
Durch jede Hand, die mich festhält.
Weil Gott mir so viel Gutes tut, darf ich sagen:

Lobe den Herrn, meine Seele,
und vergiss nicht, was er dir Gutes getan hat.

Moderation: Suchbild

Von dem, was in der Welt alles zu entdecken gibt, haben wir eben gehört und gesungen. Ein Bild zum Entdecken gebe ich euch jetzt. Jeder und jede betrachtet das Bild für sich allein. Wir sind dabei ganz still.

Die Lehrkraft verteilt Zettel mit je einem Bild (Original oder Bild mit Fehlern). Je zwei Partner nebeneinander erhalten ein unterschiedliches Bild.

Das ist ein Bild, auf dem es viel zu entdecken gibt.

Die Schülerinnen und Schüler beschreiben das Bild. Bald merken sie, dass auf einigen Bildern etwas fehlt.

Da haben wir doch gedacht, jeder hat das gleiche Bild bekommen. Aber das ist gar nicht so. Lasst euch ein wenig Zeit. Je zwei Nachbarn betrachten ihre Bilder gemeinsam und ihr werdet insgesamt 10 Unterschiede entdecken.

Die Partner suchen die 10 fehlenden Gegenstände/Nahrungsmittel auf den Bildern. Nach der Partnerarbeit werden die „Fehler" zusammengetragen.

So viele Unterschiede haben wir entdeckt. So ist das manchmal: Wir meinen, in unserer Welt alles zu sehen und zu entdecken. Aber der eine sieht dies und der andere das. Der eine hält dies für wichtig und der andere das. Und dabei ist die Welt voller Entdeckungen wie auf unseren Bildern.

Erzählung mit Veranschaulichung

- Der Unterrichtende heftet ein Plakat des Bildes vom Laden (S. 34) an eine Stellwand oder an die Tafel.

Unser Bild hat mit einer Geschichte zu tun, die ich euch erzählen möchte. In der Geschichte geht es um eine Maus.

- Der Unterrichtende hält die Maus in die Höhe und zeigt sie. Im Folgenden werden einzelne Schülerinnen und Schüler aufgefordert, an den betreffenden Stellen der Geschichte die Mausfigur an die richtige Stelle im Ladenregal zu heften. Je nach Situation in der Klasse kann der Erzähler die Geschichte auch dadurch ergänzen, dass er die Maus noch an andere Nahrungsmittel als in der Originalerzählung „schnuppern" lässt, z.B. am Fass mit den Salzheringen, dem Eimer mit den Gurken, dem Glas mit den Bonbons.

Einmal ist eine Maus nachts in den Laden gelaufen. Sie hat all die guten Sachen gerochen: Butter und Speck und Wurst und Käse und Brot und Kuchen und Schokolade und Äpfel und Nüsse und frische Möhren.

Zuerst hat sie sich auf die Hinterbeine gesetzt und das Schnäuzchen in die Luft gestreckt und vor Freude gepfiffen. Aber womit sollte sie jetzt anfangen?

Zuerst ist sie zur BUTTER gelaufen. Sie wollte grade an einem Butterpaket knabbern, da hat es von der einen Seite so gut nach Speck gerochen, und von der anderen Seite hat es so gut nach Käse gerochen.

Da ist sie zum KÄSE gelaufen. Sie wollte grade am Käse knabbern, da hat es von der einen Seite so gut nach Wurst gerochen und von der anderen Seite hat es so gut nach Schokolade gerochen. Butter, Käse, Speck, Wurst oder Schokolade? Was sollte sie nun essen?

Da ist sie zur SCHOKOLADE gelaufen.Sie wollte grade an der Schokolade knabbern, da hat es von der einen Seite so gut nach Kuchen gerochen, und von der anderen Seite hat es wieder so gut nach Butter gerochen. Käse, Speck, Wurst, Schokolade, Kuchen oder doch Butter? Mmmh, was nun?

Da ist die arme Maus immer wieder hin und her gerannt: Zur BUTTER, zum KÄSE, zum SPECK, zur WURST, zur SCHOKOLADE, zum KUCHEN, zu...

Die arme Maus wusste und wusste und wusste nicht, was sie zuerst fressen sollte. Und auf einmal war es hell, und die Leute sind in den Laden gekommen. Und was ist passiert? Natürlich: Sie haben die Maus nach draußen gejagt.

Und die Maus hat zu den anderen Mäusen gesagt: Ja, was hat die Maus wohl zu den anderen Mäusen gesagt ...?

▶ Die Schülerinnen und Schüler äußern sich zum Ausgang der Geschichte. Dann fasst die Lehrkraft zusammen:

Ja, es gibt ganz unterschiedliche Ideen, wie die Geschichte wohl ausgegangen ist, mit Ärger oder Wut oder aber mit Freude und Lachen.

Aber meine Geschichte könnte auch so ausgegangen sein:

Vielleicht hat die Maus gesagt: „Das war eine spannende Nacht, so viele Gerüche, so viel zu essen, viel zu viel für einen allein. Kommt, ich lade euch ein. Heute Nacht gehen wir alle in den Laden, feiern ein Fest und lassen es uns gut gehen. Es ist genug für alle da."

Memory-Spiel mit Nahrungsmitteln

▶ Das Memory-Spiel war bereits während der Klassenandacht in der Mitte aufgebaut oder wird jetzt auf einem Tablett in die Mitte gestellt. Überleitung:

Ich weiß nicht, wie es euch geht: Aber ich finde den zweiten Schluss der Geschichte am schönsten. Alle Mäuse besuchen in der kommenden Nacht den Laden und feiern ein großes Fest mit allen Gaben, die ihnen der große Laden bietet. Und es ist genug für alle da!

Es ist genug für alle da! Diese Erfahrung haben Menschen immer wieder gemacht. Wenn alle aufeinander achten, damit keiner zu kurz kommt und keiner vergessen wird, ist genug für alle da. Und darüber haben sich Menschen immer wieder gefreut, Gott dafür gelobt und ihm Danke gesagt. Diese Erfahrung wollen wir machen mit einem kleinen Spiel.

▶ Die Unterrichtende erläutert das Spiel (siehe oben). Die Psalmworte werden für das abschließende Gebet aufgehoben.

Die Maus

Die Maus im Laden – mit 10 Fehlern

Klassenandacht 5: Die Geschichte von den Brüllstieren *oder: Wenn zwei sich streiten*

Einmal waren zwei Stiere auf einer Wiese. Sie wollten den Kühen zeigen, wie stark sie waren. Der eine hat gebrüllt: „Ich bin stärker als du! Ich kann dich umrennen, wenn ich will!“ Und der andere hat gebrüllt: „Nein, ich bin stärker! Ich kann dich mit den Hörnern in die Luft werfen, wenn ich will!“ Und die Kühe haben am Zaun gestanden und gestaunt, und die Stiere haben weitergebrüllt. Der eine hat gebrüllt: „Ich kann dich zu Brei stampfen, wenn ich will!“ Und der andere hat gebrüllt: „Ich kann dich anschnauben, dass dir dein Fell verbrennt, wenn ich will!“ Und die Kühe am Zaun haben gemuht und sich gewundert. Die Stiere haben gebrüllt, bis sie heiser waren. Sie konnten nur noch piepsen und quietschen. Der eine hat geschrieen: „Ich kann mit den Augen rollen, dass du vor Angst in ein Mauseloch kriechst, wenn ich will!“ Und der andere hat geschrieen: „Ich kann dich mit der Schwanzspitze antippen, dass du auf den Mond fliegst, wenn ich will!“ Da haben die Kühe sich gelangweilt über das dumme Gebrüll. Sie haben den Stieren den Rücken zugedreht und sie allein weiter schreien lassen.

Thematischer Impuls

Zwei Stiere streiten auf einer Wiese darum, wer der Stärkere ist, um sich damit gegenüber den Kühen auf der Wiese hervor zu tun. Der Streit eskaliert in ein Wortgefecht, in dem in immer neuen Vergleichen die eigene Stärke und damit die Schwäche des anderen betont wird. Während die beiden Stiere sich allmählich heißer schreien, wird der Streit für die Kühe immer uninteressanter.

Mit viel Ironie treibt Ursula Wölfel in dieser Geschichte männliches Imponiergehabe und Kräftemessen, das schon Schülerinnen und Schüler in der Grundschule nicht fremd ist, auf die Spitze. In den großen Pausen werden Schulhöfe nicht selten zu Spiel- und Marktplätzen der Eitelkeiten. Was für die Mädchen der „Zickenalarm“ ist, eskaliert unter den Jungen zum Streit über eigene Stärken und die Schwächen des anderen – verbal oder nicht selten auch handgreiflich.

An vielen Schulen, nicht nur in sozialen Brennpunkten, stehen deshalb die Ausbildung und der Einsatz von Schülerinnen, Schülern und Lehrkräften als Streitschlichter auf dem Programm. Aus der Sichtweise der Mediationstheorie provoziert der Ausgang der Geschichte von den Brüllstieren die Frage: Welches Verhalten ist richtig, wenn man als Außenstehender sieht, wie zwei sich streiten und aufeinander losgehen? Die Kühe in der Geschichte gehen den einen Weg: Sie entziehen dem Streit ihre Aufmerksamkeit und lösen damit das Forum, vor dem sich der Streit der Stiere lohnen würde, auf. Wann und wie aber ist beherztes Eingreifen notwendig, weil sich die Sache, um die es geht, nicht von selbst erledigt?

Biblischer Bezug

Der Streit gehört zu den Urformen des menschlichen Miteinanderumgehens, weil immer dort, wo Menschen aufeinander treffen, die Angelegenheiten des Miteinanderumgehens und Miteinanderlebens geklärt werden müssen. Insofern gehört der „Streit ums rechte Streiten“ zu den grundsätzlichen Lernaufgaben der Persönlichkeitsentwicklung. Er hat auch in der Grundschule seinen Lernort und findet in der Bibel sein geeignetes Medium. Denn die Bibel ist gerade in dem Sinne ein durch und durch menschliches Buch, als es dem Thema Streiten von den ersten Seiten des Alten Testaments bis hin zum letzten Kapitel der Johannesapokalypse breiten Raum gibt.

Die erste Gewalttat der Menschheitsgeschichte, wie sie die Bibel darstellt, ist mit der Geschichte von Kain und Abel (Gen 4) Schlusspunkt der Eskalation eines Streits, in dem es letztlich um verletzte Eitelkeit bzw. Nichtanerkennung eigener Leistung und Stärken geht. In den darauf folgenden Geschichten des Alten Testaments geht es nicht selten um die Frage, wer der Stärkere ist, sei es im Brunnenstreit zwischen den Hirten Abrahams und Abimelech, den Auseinandersetzungen der Israeliten mit den umliegenden Völkern oder im Kampf der Propheten um die rechte Auslegung von Gottes Willen.

Und selbst unter den Nachfolgern Jesu, wie etwa in der ersten Christenheit, spiegelt sich nicht das Bild einer Gemeinschaft, in der alle „ ein Herz und eine Seele“ sind, sondern wo munter und manchmal über das reine Wortgefecht hinaus gestritten wird. Der Rangstreit der Jünger (Mk 10,35ff. par.), das Gebot der Feindesliebe (Mt 5,39–48 par.), die Zurechtweisung in der Gemeinde und Bereitschaft zur Vergebung (Mt 18,15ff.) sowie die in den Korintherbriefen von Paulus angesprochenen Streitigkeiten in Korinth sind dafür eindrückliche Belege.

Als roter Faden und Maßstab der Konfliktlösung zeichnet sich dabei, wenn auch in unterschiedlichen Zusammenhängen, die Wahrnehmung des anderen Menschen als eines von Gott geliebten und angenommenen Wesens ab. Formeln dieser Achtung sind das Doppelgebot der Liebe ebenso wie die Mahnung des Paulus: „Nehmt einander an, wie Christus euch angenommen hat zu Gottes Lob“ (Röm 15,7).

Jesus und Paulus geht es nicht darum, den Streit unter dem Mäntelchen der Nächstenliebe zu verstecken; offen soll er ausgetragen werden, allerdings unter Anerkennung der von Gott gegebenen Würde dessen, mit dem man sich streitet, ganz im Sinne der pädagogischen Maxime Hartmut von Hentigs, „die Sachen zu klären und die Menschen zu stärken“. Unter moralisch-pädagogischer Perspektive geht es dabei um das, was Lawrence Kohlberg für die siebte seiner Entwicklungsstufen des moralischen Urteils den „moral musical chair“ genannt hat: Sich in die Rolle des anderen zu versetzen und so, „von seinem Platz aus“, den gemeinsamen Konfliktpunkt zu betrachten. Die dazu notwendige Wahrnehmung des anderen bis hin zur Empathie seiner Beweggründe und Gefühlssituation kann mit Hilfe der Geschichte von den Brüllstieren eindrücklich bearbeitet werden.

Zeit und Anlass

Im Zusammenhang mit dem Schulalltag kann eine Klassenandacht mit der Geschichte von den beiden Brüllstieren dort seinen Ort haben, wo Streit vermieden werden kann oder wo es zum Streit gekommen ist und nun dieser Streit be- und verarbeitet werden muss.

Die Klassenandacht kann eine Streitschlichtung initiieren oder diese zu einem liturgischen Abschluss bringen. Es bietet sich auch an, die Andacht im Zusammenhang mit der Durchführung einer Streitschlichterausbildung an der Schule zu halten. Ausgesprochen oder unausgesprochen nimmt jedes Mediationsprogramm Spuren des christlichen Menschenbildes auf, indem es Respekt vor dem anderen lehrt und trainiert.

Vorbereitung und Material

Die Klassenandacht zur Geschichte von den Brüllstieren bedarf nur weniger Vorbereitungen. In die gestaltete Mitte werden neben den üblichen liturgischen Gegenständen (z.B. Kreuz, Kerzen, eine Klangschale, Blumen oder Naturlegematerial, möglichst ein grünes Tuch als Unterlage) zwei Stapel mit Klappkarten in Postkartenformat gelegt, auf deren einen Seite jeweils ein Satz steht, den die Brüllstiere einander während der Geschichte zurufen.

Diese Streitwortdialoge werden gegenüber dem Original um einige Sätze ergänzt, um noch mehr Schülerinnen und Schüler am Erzählspiel um die beiden Brüllstiere zu beteiligen. Während der Erzählung der Geschichte werden jeweils zwei Schülerinnen oder Schüler aufgefordert, je eine Karte zu ziehen, sich im Kreis einander gegenüber aufzustellen und den Satz ihrem Gegenüber laut „vor den Kopf zu brüllen“. Alle anderen nehmen in diesem Zusammenhang die Rolle der die Szene betrachtenden Kühe ein. Die Karten haben auf der Textseite als Hintergrund eine Mauer (S. 55), so dass die Karten – im Kreis aneinandergelegt – eine Mauer um eine Weide bilden. Die Blumen auf der Vorderseite der Karten (S. 55) hingegen stellen anschließend einen Blumenkranz dar.

Wenn möglich, hat die Lehrkraft zwei Kuscheltiere als Brüllstiere bereit. Ansonsten hat sie die Stierbilder aus der Materialvorlage (S. 54) auf jede Seite von zwei Klappkarten kopiert. Wer mehr Vorbereitungszeit investieren kann, kann auch farbige Klappkarten aus den Motiven Mauer und Wiese herstellen, die – an der entsprechenden Stelle der Klassenandacht aufgestellt – eine Mauer bilden und anschließend eine Blumenwiese zeigen.

Der Beginn einer Lösung des Streits durch Wahrnehmung des anderen soll symbolisch durch eine Variante des Spiels „Mein rechter, rechter Platz ist frei...“ erfahren werden: Die Lehrkraft achtet darauf, dass zu Beginn der Klassenandacht der rechte Platz neben ihr frei bleibt. Das Spiel beginnt, indem sie ohne Worte, nur durch das Wahrnehmen und Anschauen ein Mitglied aus dem Kreis auffordert, den Platz an ihrer Seite einzunehmen. Anschließend fordert derjenige, der nun einen Platz rechts neben sich frei hat, ebenso einen Mitschüler/eine Mitschülerin auf, zu ihm zu kommen. Das Spiel wird so lange fortgesetzt, bis alle ihre Plätze getauscht haben, d.h. jeder und jede aus der Klasse einmal von einem anderen wahrgenommen worden ist.

Ablauf

Musik, Einführung	„Wenn zwei sich streiten" – Das ist das Thema unserer heutigen Klassenandacht. Wir wollen miteinander über das Streiten nachdenken und dabei eine Streitgeschichte hören und spielen, in der man so richtig übers Streiten lachen kann.
Lied	Wir singen alle Hallelu (98)
Eingangsworte	Im Brief an die Römer sagt der Apostel Paulus: „Nehmt einander an, wie Christus euch angenommen hat zu Gottes Lob." Wir feiern diesen Gottesdienst, weil wir Gott loben und danken wollen. – Wir feiern diesen Gottesdienst, weil Jesus Christus jeden Menschen lieb hat. – Wir feiern diesen Gottesdienst, weil wir mit Gottes Geist fröhlich sein dürfen. Amen.
Psalm	S. 49; Kehrvers: Selig sind, die Frieden stiften. Denn sie werden Gottes Kinder heißen. (Mt 5,7)
Gebet	Lieber Vater im Himmel, niemand von uns kann ohne einen anderen Menschen leben. Wir brauchen einander, damit wir das Leben miteinander teilen, damit wir das Schwere miteinander tragen, damit wir am Leichten miteinander Freude habe. Wir danken dir, dass du für uns da bist. Amen
Lied	Wir bringen Frieden für alle (93)
Erzählung/Spiel	S. 50: Zur Geschichte von den Brüllstieren
Lied	Liebe ist nicht nur ein Wort (67)
Gespräch	S. 52: Vorschlag
Aktion	Einander wahrnehmen: Mein rechter, rechter Platz (s.o., S. 47)
Lied	Menschenbrückenlied (73)
Gebet	S. 53: Gebet; und darum beten wir ... (Vaterunser)
Segensworte/ Musik	Gott, segne uns mit deinen Gaben: Segne uns mit deiner Freundlichkeit, die du allen Menschen versprichst. Segne uns mit deiner Barmherzigkeit, die unsere Fehler verzeiht. Segne uns mit deiner Liebe, die jeder Menschen erfahren darf. Segne und behüte uns. Amen

Psalm mit Kehrvers

Selig sind, die Frieden stiften.
Denn sie werden Gottes Kinder heißen.

Eine solche Welt wünsche ich mir:
Wo die Menschen sich freundlich grüßen.
Wo jeder dem anderen die Hand reicht.
Wo jeder für den anderen da ist.
Da will ich sagen:

Selig sind, die Frieden stiften.
Denn sie werden Gottes Kinder heißen.

Auf eine solche Welt freue ich mich:
Wo kein böses Wort aus dem Mund eines Menschen kommt.
Wo niemand die Hand gegen einen anderen erhebt.
Wo niemand dem anderen den Rücken zukehrt.
Da will ich sagen:

Selig sind, die Frieden stiften.
Denn sie werden Gottes Kinder heißen.

Von einer solchen Welt träume ich:
Wo es keine Grenzen mehr gibt.
Wo Junge und Alte glücklich zusammenleben.
Wo niemand wegen seiner Fehler und Schwächen verachtet wird.
Da will ich sagen:

Selig sind, die Frieden stiften.
Denn sie werden Gottes Kinder heißen.

Eine solche Welt erlebe ich schon heute:
Wo mich jemand freundlich anlächelt.
Wo mir jemand meine Fehler verzeiht.
Wo mir jemand nicht mehr böse ist nach einem Streit.
Da will ich sagen:

Selig sind, die Frieden stiften.
Denn sie werden Gottes Kinder heißen.

Erzählung und Spiel

Manchmal ist es gar nicht so einfach, Frieden zu bringen und Frieden untereinander zu halten. Dann gibt es Streit!

Einmal hatten sich Lisa und Leon so richtig gestritten. Keiner wusste mehr, wie es eigentlich angefangen hat, aber nun gab ein Wort das andere. „Du alte Schnecke," rief Leon und Lisa konterte: „Du blöder Mistkerl!"

„Du bist einfach unausstehlich," giftete Leon zurück und stampfte mit dem Fuß auf. Und als wollte er seine Worte noch einmal unterstreichen, ballte er die Fäuste und rief: „Du alte Zicke, du!"

„Wenn ich eine Zicke bin, dann bist du ein alter Hammel, ein richtiger Streithammel", zischte Lisa zurück und streckte ihm noch zu alledem die Zunge raus: „Bäh!" Darauf lachte Leon nur und rief: „Sag ich doch, du dumme Kuh!" und hüpfte wie ein blökender Hammel um Lisa herum.

Lisa hätte Leon gern darauf hin noch eine lange Nase gemacht, dieser hätte ihr einen Vogel gezeigt und Lisa ihm in die Hand gebissen und Leon hätte sie an den Haaren gezogen und ...

... wenn da nicht gerade die Mutter in der Kinderzimmertür gestanden hätte. „Hallo, geht's noch?", hatte sie die beiden unterbrochen. Dann hat sie sich zu den beiden hingekniet, so dass sie ihnen in die Augen geschaut hat. Und dann hat sie lächelnd gesagt: „Ihr benehmt euch ja wie die Brüllstiere! Am besten ladet ihr gleich noch die Kühe zum Zuschauen ein."

„Die Brüllstiere? Kühe zum Zuschauen?", kam es gleichzeitig aus dem Mund von Lisa und Leon. „Wovon redest du?" – „Na ja", sagte die Mutter. „Wenn mein Bruder und ich sich gestritten hatten – und das kam nicht selten vor, dann erzählte eure Oma uns die Geschichte von den Brüllstieren."

Und saßen sie alle drei, die Mutter, Lisa und Leon, auf dem Teppich im Kinderzimmer, und die Mutter erzählte die Geschichte von den Brüllstieren:

▶ Die Lehrkraft zeigt auf die beiden Stapel mit Karten und stellt die beiden Stierfiguren in die Mitte. Sie sucht zwei Schülerinnen oder Schüler aus der Gruppe aus. Abwechselnd werden in der Folge jeweils geschlechtsgleiche Paare gebildet. Die ausgewählten Paare rufen sich gegenseitig ihre Streitsätze zu. Anschließend bleibt das Paar stehen, während die anderen Schülerinnen und Schüler aufstehen und die Gesten und die Mimik der erzählenden Lehrkraft mitmachen. Die Karten werden anschließend so um die meditative Mitte gelegt, dass allmählich eine Mauer um die beiden Stiere in der Mitte entsteht.

Einmal waren zwei Stiere auf einer Wiese. Sie wollten den Kühen auf der Weide zeigen, wie stark sie waren. Der eine hat gebrüllt: „Ich bin stärker als du! Ich kann dich umrennen, wenn ich will!"

Und der andere hat gebrüllt: „Nein, ich bin stärker! Ich kann dich mit den Hörnern in die Luft werfen, wenn ich will!"

▶ Die Lehrkraft steht auf und spricht das Folgende mit Kopfschütteln. Die Klasse macht die Bewegung mit.

Und die Kühe auf der Weide? Die haben am Zaun gestanden und gestaunt und haben den Kopf geschüttelt.

▶ Danach setzen sich alle hin.

Und die Stiere haben weitergebrüllt. Der eine hat gebrüllt: „Ich kann dich zu Brei stampfen, wenn ich will!" Und der andere hat gebrüllt: „Ich kann dich anschnauben, dass dir dein Fell verbrennt, wenn ich will!"

▶ Die Lehrkraft steht auf und spricht das Folgende mit einem Tippen des Zeigefingers an die Stirn und anschließendem „Muh". Die Klasse macht die Bewegung mit.

Und die Kühe auf der Weide? Die haben gemuht und sich gewundert.

▶ Danach setzen sich alle hin.

Der eine hat gebrüllt: „Ich kann dich mit meinen Hörnern am Hals pieksen, bis du vor Lachen Schaum vor dem Mund hast, wenn ich will!" Und der andere hat gebrüllt: „Ich kann dich mit den Hinterbeinen am Bauch kitzeln, bis du vor Lachen Bauchschmerzen bekommst, wenn ich will!"

▶ Die Lehrkraft steht auf und spricht das Folgende mit einem Handwischen vor dem Gesicht und einem „kauenden" Mund. Die Klasse macht die Bewegung mit.

Und die Kühe auf der Weide? Die haben ihr Gras gekaut und mit dem Schwanz die Fliegen verjagt und haben sich gewundert.

▶ Danach setzen sich alle hin.

Da hat der eine gebrüllt: „Ich kann dir so lang die Zunge rausstrecken, dass du vor Schreck in den Kuhfladenhaufen fällst, wenn ich will." Und der andere hat gebrüllt: „Ich kann so lange mit den Ohren wackeln, bis dir schwindelig wird und du in den Wassertrog fällst, wenn ich will."

▶ Die Lehrkraft steht auf und spricht das Folgende während sie mit dem Hintern wackelt. Die Klasse macht die Bewegung mit.

Und die Kühe auf der Weide? Die haben mit der Zunge geschnalzt und mit dem Hintern gewackelt und haben sich gewundert.

▶ Danach setzen sich alle hin.

Und die Stiere haben gebrüllt und gebrüllt, bis sie heiser waren. Da konnten sie nur noch piepsen und quietschen.

▶ Im Folgenden werden die Sprechpaare aufgefordert, ihre Sätze mit piepsiger oder heiserer Stimme zu sprechen.

Der eine hat geschrieen: „Ich kann mit den Augen rollen, dass du vor Angst in ein Mauseloch kriechst, wenn ich will!"

Und der andere hat geschrieen: „Ich kann dich mit der Schwanzspitze antippen, dass du auf den Mond fliegst, wenn ich will!"

▶ Die Lehrkraft steht auf und dreht sich um. Die Klasse macht die Bewegung mit.

Und die Kühe auf der Weide? Die haben sich gelangweilt über das dumme Gebrüll. Sie haben den Stieren den Rücken zugedreht und sie allein weiter schreien lassen.

▶ Danach setzen sich alle hin.

Vorschlag: Gespräch und Kurzansprache

Und die Brüllstiere? Was haben die Brüllstiere gemacht?

▶ Die Schülerinnen und Schüler sammeln Ideen zum Fortgang der Geschichte. Sie werden reichen von der Idee, dass sie sich weiterhin Drohungen und Streitworte zugeworfen haben bis hin zu dem Gedanken, dass sie ihren Streit beendet haben, weil ihnen das Forum der Kuhherde fehlte, vor dem sie sich mit ihren Stärken brüsten können.

Manchmal ist das so: Da gibt ein Wort das nächste und schnell ist ein handfester Streit da. Und keiner will nachgeben, keiner will der Schwächere sein, keiner will zeigen, dass er nachgeben kann. Jeder will der Größte sein. Und immer größere und schwerere Streitworte werden gesagt, damit der andere noch kleiner und noch schwächer dasteht. – Und was ist mit den Worten, die da gesagt werden? Lösen die sich einfach in Luft auf?

▶ Wenn es den Schülerinnen und Schülern nicht schon selbst auffällt, zeigt die Lehrkraft auf den Kartenkreis, der wie ein Zaun um die beiden Stiere liegt.

Nein, die Streitworte lösen sich nicht in Luft auf, manchmal ist es, als wiegen sie schwer wie Steine und bilden eine Mauer: zwischen den Menschen, die sich wie die Brüllstiere benehmen, und wie eine Mauer zwischen ihnen und jenen, die sehen und hören, was da passiert. – Und wir? Was tun wir?

Manchmal ist es gut, es den Kühen auf der Weide nachzumachen: Mit dem Kopf zu schütteln und sich zu wundern und dann die beiden Brüllstiere einfach stehen zu lassen. Dann werden sie vielleicht von selbst aufhören und sich vertragen.

Manchmal aber ist es auch gut, es wie die Mutter von Lisa und Leon zu machen: Sie ist aufmerksam und redet mit den beiden. Sie geht nicht vorüber und sie sieht nicht weg. Sie blickt beide freundlich an und ist nicht böse. Sie redet lieb mit ihnen, ohne Tadel und ohne Drohung. Sie nimmt die beiden Brüllstiere – Lisa und Leon – so wahr, wie sie sind: als Menschen, die sie lieb hat.

Das wollen wir einmal spielen ...

▶ Es folgt die Aktion: Mein rechter, rechter Platz ...

Gebet: Dank und Fürbitte

Wir wollen Gott danken
und bitten für alles,
was wir zum Frieden brauchen:

Lieber Vater im Himmel,
es ist gut, wenn Menschen in Frieden,
freundlich und fröhlich zusammen leben.
Lass uns solche Menschen sein!

Es ist gut, wenn Menschen
keinen Streit anfangen,
sich nicht mit Worten verletzen
und klein machen.
Lass uns solche Menschen sein!

Es ist gut, wenn Menschen nicht wegsehen,
wenn Streit ausgebrochen ist
und böse Worte regieren.
Lass uns solche Menschen sein!

Es ist gut, wenn Menschen
freundliche Blicke finden und gute Worte,
wenn sie Streit schlichten wollen.
Lass uns solche Menschen sein!

Es ist gut, wenn sie alle Menschen
als deine Kinder wahrnehmen,
geliebt von dir und begleitet von dir.
Lass uns solche Menschen sein!

Deshalb beten wir zu dir:

Vaterunser

Vorlagen: Die beiden Brüllochsen

Vorlage: Die Klappkarte

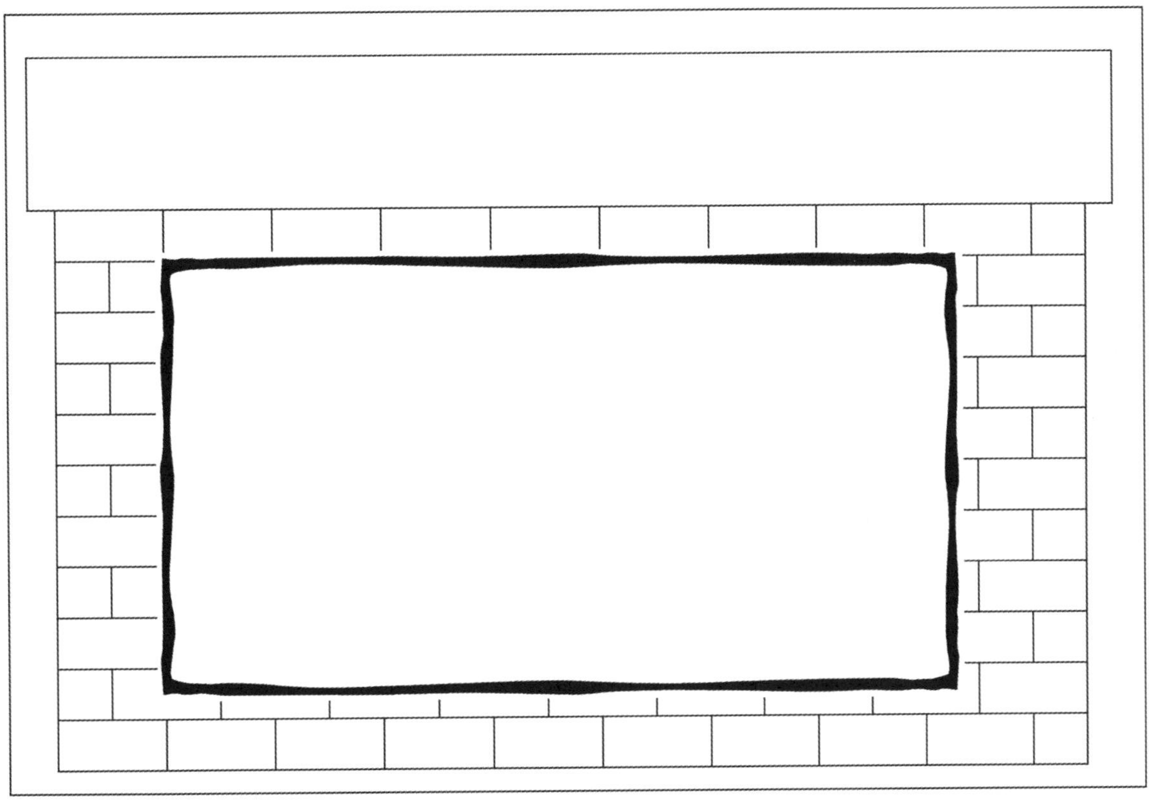

Klassenandacht 6:
Die Geschichte von den Rosinenbrötchen
oder: Frieden fängt beim Frühstück an
(Thema: Schuljahrsende)

Einmal hat der Vater zum Kind gesagt: „Bitte, lauf doch schnell für mich zur Post und kauf mir dreißig Briefmarken." Und die Mutter hat gesagt: „Auf dem Rückweg kannst du beim Bäcker drei Rosinenbrötchen holen." Das Kind ist mit dem Geld fortgegangen. Es war gar nicht weit bis zur Post. Aber die anderen Kinder haben auf der Straße gespielt, und das Kind hat ihnen zugesehen und ein bisschen mitgespielt. Dann ist es zur Post gelaufen. Es hat drei Briefmarken gekauft, und dann hat es beim Bäcker dreißig Rosinenbrötchen geholt, zwei große Tüten voll, das Kind konnte sie kaum schleppen. Der Vater hat gelacht und gerufen: „Jetzt muss ich Rosinenbrötchen auf meine Briefe kleben!" Und die Mutter hat auch gelacht und schnell Kaffee gekocht, und sie haben Rosinenbrötchen gegessen, bis sie Bauchweh hatten.

Thematischer Impuls

Ein Kind hat zwei Aufträge. Es lässt sich ablenken, bringt durcheinander, was es kaufen soll. Der zu erwartende Tadel der Eltern bleibt aus. Die Geschichte endet im gemeinsamen Lachen über den Fehler des Kindes und einem Festessen. „... und sie haben Rosinenbrötchen gegessen, bis sie Bauchweh hatten."

Das Überraschende an der Geschichte ist der ausbleibende Tadel der Eltern. Weder Ärger noch Enttäuschung über den dummen Fehler des Kindes finden in der Geschichte ihren Ausdruck. Die Geschichte von den Rosinenbrötchen ist getragen von Geduld und Nachsicht – Eigenschaften, die in einer auf Leistung und Bewertung getrimmten Gesellschaft und eines auf Maximierung gesellschaftlich verwertbarer Kompetenzen ausgerichteten Schul- und Bildungssystems kaum mehr zum Thema von Erziehung werden, vielmehr in sogenannten Kopfnoten beurteilt werden.

Das versöhnliche Ende ermutigt, den eigenen und den fremden Fehlern und Schwächen mit aus Geduld und Nachsicht entstandener Freude und fröhlicher Gemeinschaft zu begegnen. Ein „Stück Himmel auf Erden" zeigt sich im gemeinsamen Essen. Nicht aus Fehlern oder Strafe wird hier gelernt, sondern aus der Erfahrung, trotz Fehlern und Schwächen geliebt und angenommen zu sein.

Biblischer Bezug

„Barmherzig und gnädig ist der Herr, geduldig und von großer Güte" (Ps 103,8). Die Botschaft vom barmherzigen Gott, für den Versöhnung Ziel allen Handelns mit dem Menschen ist, durchzieht die Bibel in ihren beiden Teilen und findet in der Rechtfertigungslehre des Paulus ihren Höhepunkt. Die Geschichten, in denen Jesus sich mit den von der

Gesellschaft religiös und sozial Abgesonderten an einen Tisch setzt, könnten ebenso in Beziehung zu der Geschichte von den Rosinenbrötchen gebracht werden wie Jesu Gleichnisse (z. B. das Gleichnis vom verlorenen Sohn oder vom großen Gastmahl), die in einem Fest enden, das das Reich Gottes auf Erden symbolisiert.

Was aber passiert, wenn von Gott – selbst in der Bibel – in gewalttätigen, dunklen Bildern gesprochen wird, wenn Wut und Enttäuschung zum Wesenszug Gottes stilisiert werden? Im folgenden Entwurf für eine Klassenandacht wird auf die alttestamentliche Sintflutgeschichte (Gen 6ff.) Bezug genommen, in der sich ein Wandel im Gottesbild vollzieht. Ist es am Anfang der Geschichte der aus Wut und Enttäuschung handelnde Gott, der die Menschen aufgrund ihrer Fehler und Schwächen vernichten will, so zeigt sich – gerade im Symbol des Regenbogens und im abschließenden Segenswort (Gen 8,21–22), wie das Bild vom bewahrenden, beschützenden, geduldigen und versöhnenden Gott den Fortgang der Geschichte der Menschen mit ihm prägen soll.

Zeit und Anlass

Das Schuljahresende ist für alle Beteiligten – Schülerinnen und Schüler, Lehrkräfte und auch Eltern – mit Stress, Aufregung und nicht selten Ärger verbunden. Nicht nur mit der Zeugnisverteilung wird für jeden Einzelnen die „Ernte eines Schuljahres eingefahren", die in der Gemeinschaft einer Klasse sowohl reichlich und erfreulich als auch spärlich und ernüchternd ausfallen kann. Die Mischung der Gefühle am Schuljahresende reicht von Stolz und Freude über das Erreichte bis hin zur Enttäuschung, Neid und Missgunst, in beiden Fällen verbunden mit der Vorfreude auf die kommende Ferienzeit.

Neben der schriftlichen Beurteilung durch Zeugnisse kann deshalb der Rückblick auf das Schuljahr ein Ritual werden, in dem Reste von Unversöhnlichem ebenso zur Sprache kommen wie die Freude über das Erreichte und die gemeinsamen Erlebnisse der Klassengemeinschaft.

Vorbereitung und Material

Zur Klassenandacht am Schuljahresende wird ein Stuhlkreis mit gestalteter Mitte aufgestellt: eine Klangschale; eine große Kerze, Teelichte und Steine in ausreichender Zahl (pro Teilnehmer) in je einem Korb; farbige Tücher (Rot, Gelb, Grün, Dunkelblau, Violett) liegen bereit, aus denen ein Regenbogen gestaltet werden kann. Außerdem hat die Lehrkraft runde Karten in der Farbe der Tücher vorbereitet, auf denen auf je einer Seite steht:

Rot: Liebe zeigen – wütend sein
Gelb: ein Lichtblick sein – streiten
Grün: Hoffnung schenken – neidisch sein
Dunkelblau: Vertrauen wagen – enttäuscht sein
Violett: Versöhnung erleben – Fehler machen

Die Klassenandacht endet, wie die Geschichte, mit dem einem gemeinsamen Essen. Es gibt Rosinenbrötchen und Saft in Kelchen und Bechern.

Ablauf

Musik, Einführung	Das Schuljahr ist zu Ende. Was haben wir gelernt in diesem Jahr? Was nehmen wir mit – was lassen wir zurück? Was hat uns geholfen – was hat uns bedrückt? Wir wollen dies alles am Ende des Schuljahres bedenken und zur Ruhe kommen. ▷ Die Klangschale anstoßen, warten bis sie langsam ausklingt.
Eingangsworte	Ein Beter in der Bibel sagt: „Wie sich ein Vater über Kinder erbarmt, so erbarmt sich der Herr über die, die ihn fürchten." Im Namen Gottes, der wie eine gute Mutter und ein liebender Vater zu uns ist, fangen wir an. Im Namen Jesu, der wie ein Bruder zu uns ist, fangen wir an. Im Namen des Heiligen Geistes, der für uns da ist, singen und beten wir. Amen.
Lied	Wo zwei oder drei (100)
Psalm	S. 59; mit Kehrvers: Danket dem Herrn, denn er ist freundlich; und seine Güte währet ewiglich (Psalm 106,1)
Gebet	Gott spricht zu uns: Du bist nicht allein. Ich bin bei dir jeden Tag. Ich behüte dich, wenn du Angst hast. Ich tröste dich, wenn du traurig bist. Ich freue mich mit dir, wenn du fröhlich bist.
Lied	Danket, danket dem Herrn (7)
Aktion	S. 60: Die Farben der Gefühle
Lied	Kum ba Yah, my Lord (62), Deutscher Text
Besinnung	S. 60: Der Regenbogen; und Lied: Ein bunter Regenbogen (18)
Geschichte	S. 56; und Lied: Alle sollen sehen (3)
Gebet	Lieber Gott, bald ist das Schuljahr zu Ende. Wir haben viel gelernt und erfahren, manchmal auch Sachen, die wir gar nicht lernen wollten. Es gab viel Schönes, aber auch Trauriges. Wir blicken zurück und sagen: Danke schön. Wir bitten dich, begleite uns auf unseren neuen Wegen und beschütze uns mit deinem guten Segen.
Segensworte/ Musik	Der gütige Gott sei vor euch, um euch den rechten Weg zu zeigen. Er sei neben euch, um euch in die Arme zu schließen und euch zu schützen. Er sei über euch, um euch zu segnen. So segne euch der gütige Gott.

Psalm

Im Wechsel zu sprechen

Danket dem Herrn, denn er ist freundlich:
Und seine Güte währet ewiglich.

Guter Gott, du bist wie ein treuer Freund
oder eine gute Freundin an meiner Seite.
Vieles habe ich schon geschafft und gelernt.
Ich kann schon eine Menge.
Darüber bin ich froh.

Danket dem Herrn, denn er ist freundlich:
Und seine Güte währet ewiglich.

Ich weiß, dass du mit mir auf dem Weg bist.
Daran denke ich, wenn Neues und Unbekanntes auf mich zukommt.
Ich vertraue darauf, dass du mich sicher führst
und ich meinen Fuß nicht an einem Stein stoßen werde.

Danket dem Herrn, denn er ist freundlich:
Und seine Güte währet ewiglich.

Guter Gott, manchmal spüre ich das nicht,
dass du bei mir bist wie ein treuer Freund oder eine gute Freundin.
Dann fühle ich mich ganz allein.
Wenn es mal nicht so gut in der Schule läuft, wie ich mir das wünsche,
dann bin ich enttäuscht, manchmal sogar wütend.
Dann fällt es mir schwer zu sagen:

Danket dem Herrn, denn er ist freundlich:
Und seine Güte währet ewiglich.

Die Farben der Gefühle am Schuljahresende

▶ Während des Folgenden geht die Lehrkraft mit dem Korb im Kreis herum und gibt jedem Kind einen Stein aus dem Korb.

Ein Schuljahr liegt hinter uns – 36 Wochen Unterricht – 180 Tage – fast 4500 Stunden Unterricht haben wir erlebt. Das wiegt schwer, so schwer wie der Stein in unserer Hand. – Was war schwer, was ist uns schwer gefallen?

▶ Während des Folgenden werden die farbigen Karten im Kreis abgelegt.

Einiges hat uns richtig *wütend* gemacht, so, als ob wir einen roten Kopf bekommen,

manchmal haben wir uns *gestritten,*

oder einer war auf den anderen einmal richtig *neidisch.*

Dann gab es Augenblicke, da waren wir *enttäuscht,* manchmal über sich selbst und manchmal über einen anderen.

Schließlich haben wir *Fehler* gemacht, jeder macht Fehler, nicht nur immer die anderen.

Sicher habt ihr euch erinnert: Wütend, streiten, neidisch sein und enttäuscht, Fehler machen – erinnert ihr euch? Legt euren Stein dorthin, wo eure Erinnerung stehen geblieben ist.

▶ Die Schülerinnen und Schüler legen ihre Steine zu den jeweiligen Karten. Anschließend können einige (bei einer großen Gruppe kann aus Zeitgründen nicht jeder etwas sagen), sagen: „Ich habe meinen Stein bei der Farbe ... abgelegt, weil ..."

Vorlage: Besinnung

Das Alte Testament erzählt eine Geschichte vom Wütendsein und Streiten, vom Neid und der Enttäuschung und davon, dass nicht nur die Menschen, sondern auch Gott Fehler machen. Es ist eine Geschichte, die viele von uns kennen:

Einmal war Gott richtig *wütend.* Er sah sich seine Welt an, die er gut und schön gemacht hat, aber die Menschen waren nicht so, wie er das wohl.

Sie *stritten* miteinander, manchmal sogar mit den Fäusten. Und der *grüne Neid* regierte unter ihnen. Die Menschen machten große *Fehler.* Und Gott stieg die Wut vielleicht sogar in den Kopf, der *blutrot* wurde. Und er wollte die Erde vernichten.

Er ließ eine große Wasserflut kommen – ihr kennt die Geschichte – Wasser, dass alles Leben auslöschen sollte. Nur ein Mensch mit seiner Familie und vielen Tieren sollte überleben: Noah auf seinem Schiff – der Arche.

Doch als das Wasser wieder zurückging und Noah mit seiner Familie und den Tieren das Schiff verließ, da merkte Gott: Nicht nur die Menschen, sondern auch ich habe einen Fehler gemacht. Die Erde ist wunderschön, sie darf nicht untergehen. Das dürfen alle Menschen wissen.

Als Zeichen dafür setze ich meinen Bogen, den Regenbogen in den Himmel. Seine Farben sagen allen:

▶ Im Folgenden wird aus den Tüchern ein Regenbogen gestaltet.

Rot: Ich bin nicht mehr wütend, sondern liebe euch alle.
Die Farbe der Liebe ist Rot.

Gelb: Kein Mensch braucht mehr Streit anzufangen,
Gelb wie das Licht kann er ein Lichtblick sein.

Grün: Vor Neid müsst ihr nicht mehr grün anlaufen,
Grün ist die Welt und die Hoffnung seid ihr.

Blau; Keiner wird mehr sein „blaues Wunder“ erleben müssen.
Blau ist die Farbe der Treue und des Vertrauens.

Violett: Lila zeigt an: „Ich habe etwas falsch gemacht.
Aber Versöhnung ist möglich, ich kann verzeihen.“

▶ Die Karten werden dabei jeweils umgedreht.

Wer möchte, darf eine Kerze nehmen, entzünden und dort auf eine der Karten stellen, wo ihm oder ihr etwas wichtig geworden ist:

weil sich Wut in Liebe,
Streit in Licht,
Neid in Hoffnung,
Enttäuschung in Vertrauen,
Fehler in Vergebung
gewandelt haben.

Und wer möchte, kann von solchen Erfahrungen im vergangenen Schuljahr berichten.

Übergang: Erzählung

Wenn aus Fehlern ein Fest wird – Die Geschichte von den Rosinenbrötchen

Gott hat ein Zeichen der Versöhnung mit den Menschen gesetzt und er hat alle Menschen so angenommen, wie sie nun mal sind: „Ich liebe dich so, wie du bist, auch wenn du Fehler hast und Schwächen.“ Solch eine Versöhnung lädt ein zum Feiern. Dazu erzähle ich euch eine Geschichte: ...

Schulgottesdienst 1

Die Geschichte vom kleinen Seehund
oder: Wir schaffen das schon!
(Thema: Schulanfang)

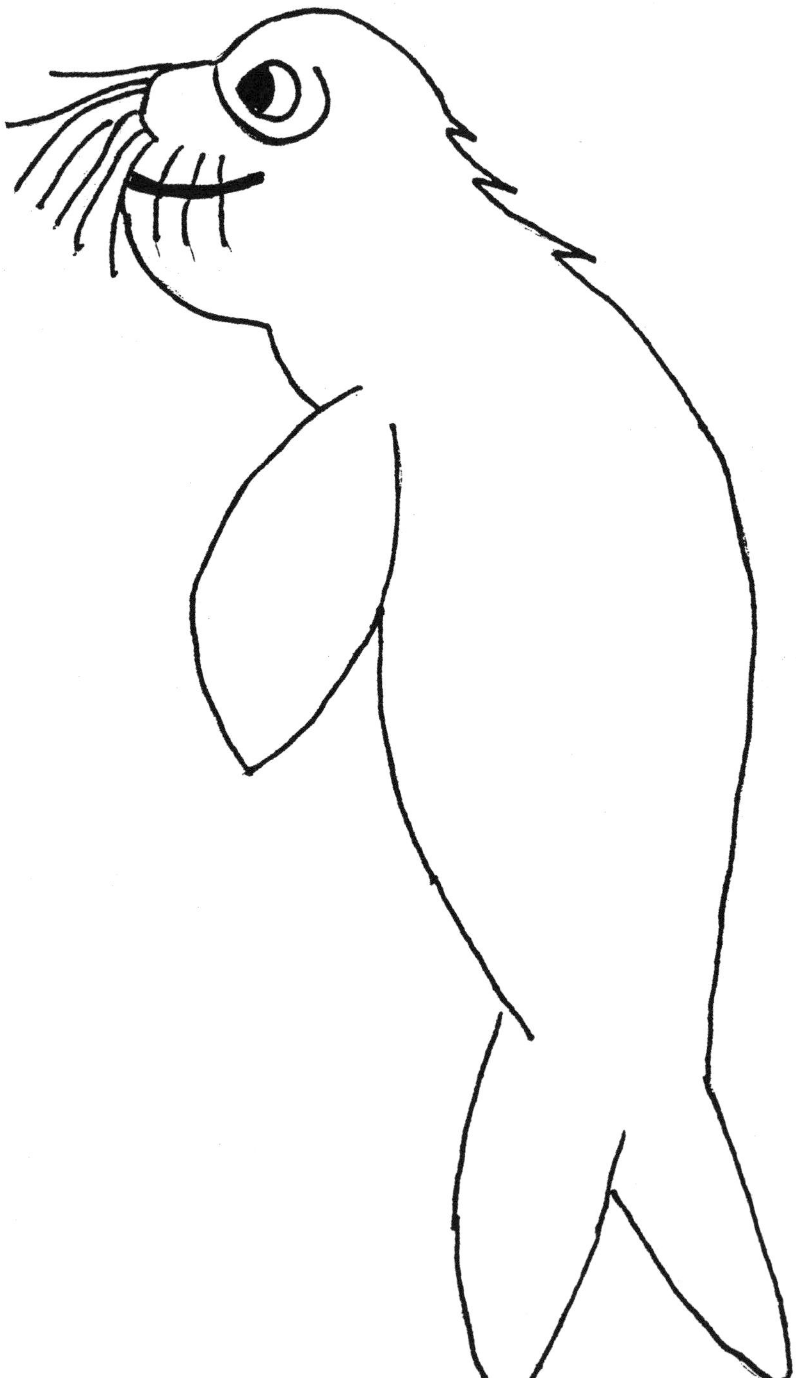

Die Geschichte vom kleinen Seehund

oder: Wir schaffen das schon!

Einmal wollte eine Seehundsmutter ihren kleinen Seehund nicht ins Wasser lassen. Sie hatte Angst. Das Meer war doch so groß, und der Seehund war so klein! Aber alle anderen kleinen Seehunde konnten schon schwimmen. Sie haben sich von den Wellen schaukeln lassen und im Wasser gespielt. Nur der eine kleine Seehund musste immer ganz allein im Sand liegen und sich füttern lassen. Er hat sich gelangweilt, und von all dem Fressen und Faulsein ist er so dick wie ein Fußball geworden. Da ist ein Wind gekommen und hohe Wellen sind auf den Strand geschlagen. Die Seehundsmutter wollte ihren kleinen Seehund schnell auf den Sandberg bringen. Aber er war schon viel zu dick, er konnte kaum noch watscheln. Die Mutter musste ihn mit der Schnauze vor sich her schieben. Und als sie beide endlich oben waren, ist der kleine Seehund wieder hinuntergekugelt, weil er so rund war. Er ist vorn Sandberg gerollt und ins Wasser gefallen. Zuerst war er sehr erschrocken. Er hat geprustet und geplatscht und geschnauft und gestrampelt. Und dann ist er losgeschwommen! Die Wellen haben ihn auf und ab geschaukelt, und der kleine Seehund hat vor Vergnügen gequietscht. Die Seehundsmutter wollte ihn sofort wieder zurückholen. Aber sie konnte ihn nicht mehr finden. Im Gesicht hat er doch genauso ausgesehen wie alle anderen kleinen Seehunde, und seinen dicken Bauch konnte man im Wasser nicht erkennen.

Thematischer Impuls

Auf einer Sandbank hat eine Seehundsmutter Angst um ihr Kind, das wie die anderen schwimmen lernen soll. Statt wie die anderen Seehunde zu schwimmen, wird das überbehütete Baby dicker und dicker. Erst als es ins Wasser rollt, löst sich die Spannung: Auch dieser Seehund kann schwimmen wie alle anderen Seehunde auch.

Der Übergang vom Kindergarten in die Grundschule bildet eine besondere Nahtstelle in der Biografie nicht nur von Kindern, sondern auch deren Eltern, Kindergartenmitarbeiterinnen und Lehrkräften. Während die Schulanfängerinnen und Schulanfänger diesem Ereignis überwiegend mit Freude und Erwartung entgegengehen, ist bei Eltern nicht selten auch die Angst vor dem Abgeben und Loslassen, sind Motive des „Klammerns“ und Nichtloslassenkönnens festzustellen. Die Geschichte vom kleinen Seehund ist solch eine Geschichte vom Nichtloslassenkönnen und erzählt auf lustige Art, wie sich manchmal „alles wie von selbst“ lösen kann.

Biblischer Bezug

Hinter der Haltung des Nichtloslassenkönnens liegt die Angst, dass ohne den Schutz und die Geborgenheit der Eltern Kinder die richtigen Lebenswege nicht finden. Dieser Erfahrung begegnen viele Geschichten der Bibel mit dem Bild von Gottes Begleitung und Mitgehen, angefangen vom Lebensweg Abrahams (Gen 12ff.) über viele Psalmworte (z.B.

Ps 23, Ps 121, Ps 139) bis hin zu den Worten des Tauf- und Missionsbefehls: „Und siehe ich bin bei euch alle Tage bis an der Welt Ende“ (Mt 20,20). Die befreiende Zusage von Gottes Gegenwart und Begleitung darf als besonderes Geschenk wahrgenommen werden, das die Botschaft der Bibel bereithält.

Zeit und Anlass

Der Gottesdienst mit der Geschichte vom kleinen Seehund ist für einen Schulanfangsgottesdienst konzipiert. Dazu wurde die Geschichte verändert und ergänzt. Mit wenigen Änderungen kann der Gottesdienst auch zu einem anderen Anlass gefeiert werden, bei dem es ums Festhalten und Loslassen geht und um den Mut zum nächsten Schritt.

Vorbereitung und Material

Alle Schulanfängerinnen und -anfänger bekommen mit der Einladung zum Gottesdienst einen Seehund auf Pappkarton (siehe S. 62), den sie ausschneiden und anmalen. Jeder Seehund ist bereits mit dem Namen des jeweiligen Kindes beschrieben. Zur Verwendung im Gottesdienst ist auf der Rückseite des Seehunds bereits ein doppelseitiger Klebestreifen (Teppichklebeband aus dem Baumarkt!) angebracht.

Für die Präsentation der Geschichte im Gottesdienst ergeben sich mehrere Möglichkeiten:

1. Darbietung mit Folienfiguren auf einem Tageslichtprojektor (S. 72).
2. Herstellung von Flachpuppen aus Styropor oder Pappe nach dem Muster in der Materialanlage.
3. Pantomimische Darstellung durch eine Schulklasse- oder die Elterngruppe der Schulanfänger. Dazu reichen als Verkleidung schwarze Gymnastikanzüge und ggf. schwarze Badekappen.

Die Sprechrollen können beliebig unter mehreren Sprechern und Sprecherinnen aufgeteilt werden. Für die OHP-Darbietung sind entsprechende Regieanweisungen in den Sprechtext eingearbeitet (S. 67f.). Für die OHP-Darbietung wird eine Hintergrundfolie erstellt mit Sandbank und Meer. Für die anderen Darbietungsmöglichkeiten müssen die Anweisungen entsprechend umgearbeitet werden.

Außerdem wird das Motiv einer Sandbank auf einer Stellwand dargestellt. Im Laufe des Gottesdienst werden die Schulanfänger und Schulanfängerinnen aufgefordert, die mitgebrachten Seehunde mit ihrem Namen auf die Stellwand zu kleben. Die Stellwand kann nach dem Gottesdienst für einige Zeit in der Schule aufgestellt sein.

Ablauf

Musik, Einführung	Die Schule beginnt! Unter uns spüre ich Spannung und Aufregung, nicht nur bei den Jungen und Mädchen, die heute ihren ersten Schultag haben. Was mag in den Köpfen der Eltern, der Mamas und Papas vorgehen: „Schaffen die das? Wird mein Kind zurecht kommen in der großen Schule mit den vielen Zimmer, Gängen und all den neuen Menschen, großen und kleinen?" – „Wir schaffen das schon!", denken die Jungen und Mädchen. Und dazu wollen wir euch heute Mut machen und Vertrauen zusprechen.
Lied	Lasst uns miteinander (65)
Eingangsworte	Jesus Christus hat gesagt: „Siehe, ich bin bei euch alle Tage bis an der Welt Ende." Darauf vertrauen wir, wenn wir Gottesdienst feiern im Namen des Vaters und des Sohnes und des Heiligen Geistes. Amen
Psalm	S. 66; Kehrvers: Von allen Seiten umgibst du mich und hältst deine Hand über mir (Psalm 139,5)
Gebet	Lieber Vater im Himmel, ein neuer Tag ist da. Ein schöner Tag ist da, den wir mit Spannung erwartet haben. Aufgeregt sind alle: Die Kinder, die heute zur Schule kommen; die Eltern, die den ersten Schultag ihrer Kinder erleben, die Lehrerinnen und Lehrer, die viele neue Gesichter und Namen kennenlernen werden. Wir vertrauen darauf, dass du bei uns bist und uns begleitest und führst. Alles, was wir selbst machen können, lege du in unsere Hand. Und das, was nicht in unseren Händen liegt, das liegt in deiner Hand. Amen.
Lied	Dass du mich einstimmen lässt, Str. 1–3 (8),
Verkündigung	S. 67: Erzählung und Spiel
Lied	Segne, Vater, diese Gaben (80)
Ansprache	S. 69: Der kleine Seehund; S. 70: Aktion: Die Namensseehunde
Lied	Das wünsch ich sehr (10)
Gebet	S. 71; Vaterunser
Segensworte/ Musik	Gott begleite uns mit seinem Segen: Er schenke uns Mut, das Neue zu wagen. Er schenke uns Vertrauen, den nächsten Schritt zu tun. Er schenke uns Liebe, mit der wir uns begegnen. Er bleibe bei uns jetzt und alle Zeit. Amen.

Psalm

Von allen Seiten umgibst du mich
und hältst deine Hand über mir.

Ich lebe von so vielen Dingen, die ich sehen kann.
Ich habe alles, was ich zum Leben brauche:
Ein Zuhause, Kleidung, Essen und Trinken.
Ich brauche mir keine Sorgen zu machen.
Denn für mich wird gesorgt.

Von allen Seiten umgibst du mich
und hältst deine Hand über mir.

Ich lebe von so vielen Dingen, die ich erleben kann.
Die Hand der Menschen, die mich begleiten.
Die guten Worte, die mir Mut machen.
Der sanfte Blick, der mir begegnet.
Das Lächeln, mit dem mich andere anschauen.

Von allen Seiten umgibst du mich
und hältst deine Hand über mir.

Ich lebe von so vielen Dingen, die ich nur spüren kann:
Die Liebe der Menschen, die mit mir sind.
Die Gedanken, die mich auf meinen Wegen begleiten.
Das Vertrauen, das mir andere Menschen entgegenbringen.
Der Dank, der mich sicher und selbstbewusst werden lässt.

Von allen Seiten umgibst du mich
und hältst deine Hand über mir.

Ich lebe von so vielem, was mich umgibt.
Dadurch darf ich deine Nähe spüren, mein Gott.
Damit begleitest du mich.
Dadurch bist du für mich da.
Damit stärkst du mir den Rücken.

Von allen Seiten umgibst du mich
und hältst deine Hand über mir.

Erzählung und Spiel

▶ OHP-gestützte Erzählung, Spiel mit Flachpuppen oder Anspiel

Wir wollen euch jetzt eine Geschichte erzählen. Ihr werdet bald merken, dass diese Geschichte mit euch zu tun hat, mit euch Jungen und Mädchen, die heute ihren ersten Schultag haben, und auch mit euch Eltern, die ihr eure Kinder heute begleitet, natürlich auch mit den Kindergartenmitarbeiterinnen, die heute da sind, und schließlich auch mit den Lehrerinnen und Lehrern der Grundschule. Unsere Geschichte beginnt so:

▶ OHP anschalten, Folie „Meer und Sandbank auflegen"

Im großen, weiten Meer gab es einmal eine kleine Sandbank, die weit aus dem Wasser herausragte. Jedes Jahr bekam diese kleine Sandbank Besuch von einer großen Familie von Seehunden. Große Seehunde gab es da: Mütter und Väter. Die ruhten sich auf der Sandbank aus.

▶ Einige Seehunde werden auf die Sandbank gelegt.

Und, als der Sommer kam, wurden auch viele kleine Seehunde geboren. Und die Mütter und Väter freuten sich an ihren kleinen Babys.

▶ Kleine Seehunde dazulegen.

Die Mütter und Väter spielten mit ihren kleinen Kindern, lehren sie, wie man auf der Sandbank robben kann und wie man sich mit den Vorderflossen auf den Bauch hauen kann.

Aber die Mütter und Väter konnten nicht immer bei ihren Kindern sein. Oft mussten sie in das große Meer schwimmen, um etwas zu essen für sich und die Kinder zu fangen: kleine Fische, Krebse und Algen. Dann mussten die Seehundkinder allein bleiben.

Einige Seehundeltern sagten: „Das ist nicht gut, dass wir unsere Kinder so ganz allein lassen. Jemand muss auf unsere Kinder aufpassen, wenn wir im großen Meer schwimmen." Und so gründeten sie einen Seehundkindergarten. Einige Seehundmütter passten auf die Kleinen auf, während die anderen im großen Meer unterwegs waren, um etwas zu essen zu finden.

▶ Alle großen Seehunde werden bis auf einen ins Wasser gezogen!

Im Seehundkindergarten war es sehr schön. Die Seehundmütter spielten mit den Kleinen und erzählten ihnen Geschichten vom großen Meer. So sagte sie:

„Passt gut auf, dass ihr nicht von unserer Sandbank fallt. Denn ihr könnt noch gar nicht schwimmen. Dann müsst ihr ertrinken. Im Meer gibt es auch große Fische, vor denen muss man sich in Acht nehmen. Die fressen euch sonst auf.

▶ Eine Sprechblase mit einem großen Fisch zur Seehundmutter legen.

Dann sind da noch die Kraken, die euch mit ihren langen Armen fangen wollen.

▶ Eine Sprechblase mit einer Krake dazulegen.

Und schließlich gibt es noch die Fischer, die euch fangen wollen und in einen Zoo verkaufen wollen."

▶ Eine Sprechblase mit einem Fischerboot dazulegen.

So verging der Sommer. Die kleinen Seehundbabys wurden größer und größer.

▶ Die großen Seehunde wieder auf die Sandbank legen.

Dann kam endlich der große Tag. Die Seehundeltern sagten zu ihren Kindern: „Für euch ist der Seehundkindergarten heute zu Ende. Nun dürft ihr endlich ins große Meer. Kommt, wir zeigen euch, wie man schwimmen kann!" Und die Seehundeltern springen ins Meer. Die großen Seehunde bis auf zwei springen ins Meer. Sie rufen ihren Kindern zu:

„Kommt, das Wasser ist ganz warm. Und das Schwimmen geht ganz einfach. Keine Angst, nur Mut, wir helfen euch dabei." Und ein kleiner Seehund nach dem anderen springt ins Wasser. Die kleinen Seehunde springen nacheinander ins Wasser. Und was für ein Wunder: Alle können schwimmen! – Alle? Wirklich alle?

Nein, nicht alle. Denn ein kleiner Seehund ist noch mit seinen Eltern auf der Sandbank. „Du springst mir nicht ins Wasser," sagt der Vater. „Du bist mir noch viel zu klein dafür. Du gehst mir noch im Wasser unter. Ich habe ANGST um dich."

Und die Mutter sagt: „Nein, mein Kleiner ist noch so zart. Ich kann ihn gar nicht LOSLASSEN. Wer weiß, was für GEFAHREN da draußen auf ihn lauern. Wenn ich nur an die vielen großen Fische denke, die es da gibt." So bleibt der kleine Seehund bei seiner Mama und seinem Papa auf der Sandbank. Und weil die Eltern ANGST haben, hat auch der kleine Seehund ANGST.

Und weil der kleine Seehund immer nur auf der Sandbank herumliegt und nicht herumplanscht wie die anderen, wird er dicker und dicker.

▶ Kleinen Seehund durch einen Seehund mit einem dicken Bauch austauschen.

Der kleine Seehund muss immer ganz allein im Sand liegen und sich füttern lassen. Und er langweilt sich. Und von all dem Fressen und Faulsein ist er so dick wie ein Fußball geworden.

Doch eines Tages kommt ein großer Wind und die Wellen schlagen hoch auf den Strand. Die Seehundmutter will ihren kleinen, dicken Seehund noch schnell auf den Sandberg bringen. Aber er ist schon viel zu dick und kann kaum noch watscheln. Die Mutter muss ihn mit der Schnauze vor sich herschieben.

▶ Seehunde entsprechend bewegen.

Und als sie beide endlich oben auf der Sandbank sind, da kugelt der kleine Seehund auch schon wieder die Sandbank hinunter, weil er ja so rund ist. Und kugelt, und kugelt, und kugelt und – platsch – landet er im Wasser.

▶ Kleinen Seehund entsprechend bewegen.

Zuerst ist er sehr erschrocken. Denn die Eltern haben ihn ja nicht LOSLASSEN können und er dachte immer, das Wasser sei furchtbar kalt und schrecklich. Und da hat er zunächst geprustet und mit den Flossen geplatscht und geschnauft und mit den Schwanzflossen gestrampelt, weil er ANGST hatte, unterzugehen.

Aber dann schwimmt er los. Und das Wasser trägt ihn wie alle anderen auch. Und die Wellen schaukeln ihn auf und nieder und der kleine Seehund quietscht vor Vergnügen. Und alle Seehundkinder im Wasser quietschen vor Freude mit ihm mit und schlagen sich mit den Flossen vor den Bauch.

„Das ist ganz einfach," ruft er seinen Eltern zu. „Ihr braucht gar keine ANGST um mich zu haben. ICH SCHAFF DAS SCHON."

Die Seehundeltern wollen ihren Kleinen sofort zurückholen. Aber sie können ihn gar nicht mehr finden. Im Gesicht sieht er nämlich genauso aus wie alle anderen Seehunde, und seinen dicken Bauch können sie im Wasser gar nicht erkennen. Da sagen die Seehundseltern zueinander: „Keine ANGST, er schafft das schon wie alle anderen auch. Und wenn er Hilfe braucht, wird er schon zu uns kommen."

Ansprache

Liebe Schulkinder, liebe Eltern und Verwandte, liebe Lehrerinnen!

Jetzt geht es richtig los! – Manche von uns werden mit einem solchen Gedanken heute Morgen aufgewacht sein. Und vor allem wohl ihr Kinder habt dabei auch so ein kleines Kribbeln im Bauch verspürt, das so eine Mischung aus Freude und Spannung ist. Und bestimmt gibt es einige von euch, die heute Morgen vor Aufregung gar nicht frühstücken konnten.

Und ich bin sicher, einigen von euren Eltern geht es da ganz ähnlich, nur lassen die sich das gar nicht so anmerken. Und meint ja nicht, dass eure neuen Klassenlehrerinnen heute Morgen nicht aufgeregt sind. Denn jedes neue Schuljahr, jede neue Schulklasse und jedes einzelne Kind birgt ja eine Menge Überraschungen in sich.

Vielleicht ist das eben wie in unserer Seehundsgeschichte, in der es auch um Aufregung und Spannung, um Angst und Freude ging. Ja, vielleicht ist euch allen das auch aufgefallen: In der Geschichte kamt ihr alle vor, ob mutig oder ängstlich, ihr Eltern, ihr Kindern, ja ihr Lehrerinnen und selbst die Erzieherinnen aus dem Kindergarten.

Ihr Eltern werdet vielleicht entdecken haben: „Das sind ja wir, wir Seehundseltern, manchmal springen wir mutig mit unseren Kindern ins Wasser und machen neue Erfahrungen mit ihnen. Dann tun wir so, als ob das Leben immer ganz leicht wäre. Und dann gibt es Augenblicke, da sind wir wieder so ängstlich und können nicht loslassen, wenn unser Kind einen neuen, selbständigen Schritt wagt. Aber es geht ja. Unser Kind kann es ja genauso wie alle anderen. Wir brauchen keine Angst zu haben. Wir können ruhig loslassen.

Und ihr Kinder dürft entdecken: Ich schaff das genauso wie die anderen. So wie ein Seehund schwimmen lernt, so werde ich lesen und schreiben und rechnen lernen und all das andere, was man in der Schule fürs Leben lernt. Na klar: Manchmal schafft es der eine schneller als der andere. Aber was macht das schon, wenn man sich nur gegenseitig hilft.

Und ihr Lehrerinnen und Lehrer? Gleich werdet ihr mit einer Gruppe aufgeregter Jungen und Mädchen in ihren Klassenräumen sitzen. Da werdet ihr euch vorkommen wie in einer Gruppe junger Seehunde: Alle sehen gleich aus, kaum voneinander zu unterscheiden, alle mit der gleichen Freude und Aufregung.

Und erst allmählich werdet ihr entdecken: Jeder Junge, jedes Mädchen ist etwas ganz Besonderes, jeder und jede hat Stärken und Schwächen, jeder und jede hat seine Mutseite und seine Angstseite. Aber alle sind ins Schulleben hineingesprungen wie die Seehunde ins warme Wasser. Und jeder und jede von ihnen denkt und weiß: Ich schaff das schon! Ich schaff das schon – nicht immer allein, aber mit unserer aller Hilfe!

Aktion

Ins Schulleben hineinspringen werdet ihr, liebe Schulanfängerinnen und Schulanfänger, am heutigen Tag wie Seehunde ins Wasser. Und das sollt ihr jetzt auch tun! Euch allen habe ich nämlich einen kleinen Seehund geschickt, auf dem euer Name steht und den ihr hoffentlich bunt angemalt habt. Und mit dem sollt ihr jetzt ins Meer springen.

Dazu haben wir hier vorn eine Sandbank und ein weites Meer. Ihr Schulanfängerinnen und Schulanfänger, kommt nach vorn und lasst euren Seehund ins Meer springen.

Gebet

▶ An diesem Gebet können sich Personen aus den unterschiedlichen Gruppen beteiligen:

- Lehrerinnen und Lehrer
- Eltern
- Schülerinnen und Schüler aus anderen Klassen
- Kindergartenmitarbeiterinnen und Gemeindemitarbeiter

Lieber Vater im Himmel,

heute geht die Schule los. Unsere Aufregung verwandelt sich allmählich in Freude, unsere Spannung macht der fröhlichen Erwartung Platz.

Wir danken dir, dass wir so weit in unserem Leben gekommen sind. Wir danken dir für die Begleitung, die wir bis zum heutigen Tag durch vielen Menschen erfahren haben.

Wir Eltern wissen, dass nicht alles selbstverständlich gewesen ist, was wir bisher mit unseren Kindern erlebt haben. Nicht nur fröhliche Tage haben wir erlebt, es gab auch Krankheit, Unfall und manche Traurigkeit. Wir danken für deine Begleitung, lieber Vater im Himmel.

Wir Kindergartenmitarbeiterinnen denken gern an die Zeit mit euch zurück: Erst ward ihr die Kleinen, auf die wir besonders aufpassen mussten, dann ward ihr die Großen, auf die Verlass war. Wir danken Gott, dass es euch gibt.

Jetzt sind die Großen aus dem Kindergarten wieder die Kleinen in der Schule. Wir wünschen uns, dass ihr keine Angst habt vor uns Großen und freuen uns auf euch. Unser Gott begleite uns.

Als Lehrerinnen und Lehrer freuen wir uns auf eine schöne Schulzeit mit euch. Wir bitten unseren Gott, dass wir gemeinsam die Freude am Lernen erfahren und miteinander den Weg ins Leben finden.

Als Pfarrer unserer Kirchengemeinde habe ich manchen von euch getauft, ich habe gespürt, wie ihr größer wurdet, wenn wir uns im Kindergarten, im Gemeindehaus oder im Kindergottesdienst begegnet sind. Unserem Gott danke ich, dass es euch gibt. Weil wir auf ihn vertrauen dürfen, beten wir gemeinsam ...

Vater unser ...

Figuren zur OH-Projektion

Schulgottesdienst 2:
Die Geschichte vom Schnuller
oder: Was wirklich wichtig ist
(Thema: Zusammen feiern)

Einmal sollte ein Junge auf das Brüderchen Acht geben. Die Mutter war einkaufen gegangen. Zuerst hat das Brüderchen geschlafen, aber dann ist es aufgewacht und hat geweint. Es wollte seinen Schnuller haben. Der Junge hat den Schnuller im Bettchen gesucht. Er hat alle Tücher und Decken und Kissen herausgeholt. Aber da war der Schnuller nicht, und das Brüderchen hat am Gitter gerüttelt und geschrieen. Der Junge hat das Brüderchen auf den Teppich gesetzt. Er hat ihm den Teddy und die Ente und den Ball gegeben. Aber das Brüderchen hat alles weggeschmissen und noch lauter geschrieen. Der Junge hat den Schnuller in der Schublade vom Tisch gesucht, er hat die ganze Schublade ausgekippt. Aber da war der Schnuller auch nicht, und das Brüderchen ist durchs Zimmer gerutscht und hat gebrüllt. Der Junge hat alle Kleider und Mäntel aus dem Schrank geräumt, und da hat er endlich den Schnuller gesehen: oben auf dem Schrank! Er ist auf einen Stuhl geklettert und vom Stuhl auf den Schrank. Aber da hat das dumme Brüderchen vor Ungeduld den Stuhl umgeworfen, und der Junge musste oben sitzen bleiben, und das Brüderchen hat gebrüllt und gebrüllt. Grade ist die Mutter gekommen. Sie hat den Jungen vom Schrank geholt und dem Brüderchen den Schnuller in den Mund gesteckt. Da war es endlich still. Und die Mutter und der Junge haben sich auf den Tisch gesetzt. Sonst war ja nirgendwo ein freier Platz im Zimmer. Sie haben Mohrenköpfe gegessen und über die große Unordnung gelacht.

Thematischer Impuls

Ein Junge erhält den Auftrag, während der Abwesenheit der Mutter auf den kleinen Bruder Acht zu geben. Als der kleine Bruder zu schreien beginnt, macht sich der Junge auf die Suche nach dem Schnuller und bringt dabei die gesamte Wohnung in Unordnung. Wider Erwarten schimpft die Mutter, als sie zurückkommt, nicht über die Unordnung, sondern dankt dem Jungen für seine Aufmerksamkeit: Sie lachen zusammen und essen Mohrenköpfe.

Diese Lachgeschichte thematisiert zwei wichtige Werte und führt sie gegeneinander in eine moralische Dilemmasituation: Ordnung halten und verantwortlich handeln. Beides lässt sich in der Situation, in der der Junge zum Handeln gezwungen ist, nicht miteinander in Einklang bringen. Der Junge entscheidet sich intuitiv für das verantwortliche Handeln gegenüber dem auf Hilfe angewiesenen Bruder und damit gegen die Ordnung.

Während Kinder im Grundschulalter moralisches Verhalten häufig als Orientierung an vorgegebenen Regeln interpretieren – „Ordnung muss sein! Regeln müssen eingehalten werden!" – und ihnen dieses Verhalten von den Erwachsenen auch angeraten wird – „Benimm dich recht anständig!" –, versucht diese Lachgeschichte, die Menschen über die Sachen zu stellen und damit dem verantwortlichen Handeln den Vorrang vor dem Einhalten vorgegebener Regeln zu geben.

Der Ausgang der Geschichte argumentiert – im Sinne der moralischen Stufen von Lawrence Kohlberg – also nicht auf konventioneller Ebene und damit für ein an Regeln orientiertes Verhalten, sondern klärt die Dilemmasituation auf postkonventioneller Ebene im Sinne einer Verantwortungsethik, die sich auf der Gesellschaft vorgeordnete Maximen – „Menschen haben Vorrang vor Sachen“ – stützt. Die Lachgeschichte regt damit sowohl Kinder als auch Erwachsene zur Nachdenklichkeit an und ruft zum Dialog über ihre eigenen ethischen Handlungsmaximen auf.

Biblischer Bezug

Bei genauem Hinsehen erweist sich die Geschichte vom Schnuller als eine moderne Dublette des Gleichnisses vom barmherzigen Samaritaner (Lk 10,25–37) wie auch der daran anschließenden Geschichte von Maria und Marta (Lk 10,38–42). Auch dort geht es beide Male um die Frage, was wichtiger ist: ethische Gebote, rituelle Regeln oder gesellschaftliche Vorschriften zu befolgen oder zu tun, was augenblicklich notwendig ist.

Die das Gleichnis vom barmherzigen Samaritaner provozierende Frage „Wer ist denn mein Nächster?“ (Lk 10,29) verwandelt sich in der Geschichte vom Schnuller in die Frage „Was ist wirklich als Nächstes zu tun, damit es meinem Nächsten, d.h. meinem kleinen Bruder, hilft?“ Ebenso kann das Handeln des großen Bruders in Beziehung zum Verhalten der Maria gestellt werden: „Eins aber ist not ...“ (Lk 10,42).

Christliche Verantwortungsethik findet in der Geschichte vom barmherzigen Samaritaner ihr grundlegendes, die Zeiten überdauerndes Beispiel. Mit der Geschichte vom Schnuller kann dieser Ansatz in für Kinder – und deren Eltern – verständliche Art und Weise gegenwärtig zur Sprache gebracht werden. Die Schlussfolgerung des biblischen Gleichnisses an seine Zuhörer –„So geh hin und tu desgleichen!“ – kann für die gegenwärtigen Hörer der Geschichte vom Schnuller zur Ansprache werden.

Zeit und Anlass

Das Verhalten von Kindern und Erwachsenen ist in dieser Lachgeschichte gleichermaßen angesprochen und soll auf den Prüfstand gestellt sein: „Was ist wirklich wichtig? Was ist wirklich dran?“ Daher passt diese Geschichte in einen Gottesdienst, der gemeinsam von Kindern und Erwachsenen besucht wird, z.B. anlässlich eines Schulfestes oder eines Gemeindefestes. Wegen ihrer Lebendigkeit, die an vielen Stellen zur Situationskomik einlädt, bietet es sich an, die Geschichte in ein Anspiel umzuschreiben, das die Dilemmasituation zwischen Ordnung und Verantwortung zusätzlich betont und vertieft. Wenn möglich, kann das Thema des Gottesdienstes im anschließenden Fest darin ihre Fortsetzung finden, dass Spielangebote für Kinder und Erwachsene gemacht werden, in denen nicht diejenigen, die sich geschickt an Ordnungen und Regeln halten, zu Ersten und Gewinnern werden, sondern Gruppen durch Achtsamkeit, Rücksichtnahme aufeinander und Verantwortung für das gemeinschaftliche Handeln zum Ziel kommen und damit zu Gewinnern werden.

Vorbereitung und Material

Die Geschichte vom Schnuller kann zunächst im Unterricht vorgestellt werden. Die Erzählung endet bei dem Satz „Grade da ist die Mutter gekommen." Mehrere Schlussalternativen werden im Plenum gesammelt und/oder können von Kleingruppen als Stehgreifspiele vorgestellt und dann unter der Fragestellung besprochen werden: Warum reagiert die Mutter so? (d.h.: Nach welchen Werten, Prinzipien haben die Personen in den vorgestellten Alternativen gehandelt?) Anschließend wird die Geschichte zu Ende gelesen und das Ende mit den eigenen Entwürfen verglichen. Die Stärke des echten Schlusses wird herausgearbeitet: Verantwortung vor Ordnung! Die Entwürfe der Schülerinnen und Schüler werden in das Spiel für den Gottesdienst integriert („Hat da etwa die Mutter ...?").

Im Unterricht wird das Thema „Verantwortliches Handeln" ergänzt durch die Besprechung der Ergebnisse einer UNICEF-Umfrage unter Kindern und Jugendlichen zum Thema „Was ist Verantwortung?" (den Kinder-Wertemonitor von UNICEF findet man im Internet unter http://www.unicef.de/index.php?id=3990; siehe S. 83). Die einzelnen Antworten können entweder im Plenum vorgelesen und diskutiert werden oder in Partnerarbeit für eine Vorstellung im Plenum und anschließend im Gottesdienst vorbereitet werden. Die Partner können dabei zu je einer Antwort Stellung beziehen und einen oder mehrere der Sätze ergänzen:

An dieser Antwort finden wir gut, dass ...

Wir freuen uns darüber, dass ...

Wir möchten zu dieser Antwort sagen, dass ...

Für die Vorbereitung des Gottesdienstes werden unterschiedliche Aufgaben, Spielerrollen und Sprecherrollen verteilt, so dass möglichst jeder aus der Klasse einen Beitrag im Gottesdienst leisten kann. Eltern können ggf. in die Beschaffung der Requisiten und den Aufbau des Bühnenbildes einbezogen werden.

Ablauf

Musik, Einführung	*Anrede, Gruß* ... Die Klasse N.N. hat diesen Gottesdienst vorbereitet. Sie hat sich in den vergangenen Wochen mit einem wichtigen Thema beschäftigt, das uns alle – Kleine wie Große – ganz besonders angeht: Was ist denn wirklich wichtig? Das ist die Frage – eine ernste Frage, bei der wir aber trotzdem viel zu lachen haben können. Ums Lachen geht es auch in dem Lied, mit dem wir unseren Gottesdienst beginnen: „Lacht und singt – Gott ist mitten unter uns."
Lied	Gott ist mitten unter uns (35)
Eingangsworte	Jesus hat einmal gesagt: „Lasst die Kinder zu mir kommen; denn Menschen wie ihnen gehört Gottes Reich." Wir feiern gemeinsam Gottesdienst, weil Gott keinen von uns vergisst. Wir feiern gemeinsam Gottesdienst, weil Jesus die Kinder liebt. Wir feiern gemeinsam Gottesdienst, weil Gottes Geist uns alle – Kleine und Große – zu Kindern Gottes macht. Amen.
Psalm	S. 77; Kehrvers: Ich freue mich und bin fröhlich in dir und lobe deinen Namen, du Allerhöchster. (Psalm 9,3)
Gebet	Lieber Vater im Himmel, keiner von uns kann allein sein. Jeder braucht einen Menschen, der für ihn da ist. Wir danken dir, dass wir heute füreinander da sein können. Wir wollen miteinander singen und beten und entdecken, was wirklich wichtig ist im Leben. Segne uns diesen Gottesdienst. Amen.
Lied	Halleluja, wir loben den Herrn (38)
Geschichte/Spiel	S. 78f.: Geschichte; S. 80: Hat die Mutter etwa ...?
Lied	Ich gebe dir die Hände (44)
Ansprache	S. 81: Ansprache und Sprechtexte: Was ist Verantwortung?
Lied	Lasst uns feiern (63)
Gebet/Lied	S. 82; Vater unser (88)
Segensworte/ Musik	Gott sei immer für uns da. Er schenke uns Augen, die sehen, wie gut er es mit uns meint. Er schenke uns Ohren, die hören, wie alle Welt seine wunderbaren Gaben preist. Er schenke uns einen Mund, der von seiner Liebe singt. Amen.

Psalm

Die Kehrverse werden entsprechend den Anweisungen (laut, ganz leise, fröhlich in die Runde) gesprochen.

Ich freue mich und bin fröhlich in dir
und lobe deinen Namen, du Allerhöchster.

Manchmal könnte ich vor Freude Luftsprünge machen:
Die Welt ist schön und es geht mir gut.
Ich habe Erfolg und ich kann etwas leisten.
Ich komme gut im Leben voran.
Dann kann ich *laut* sagen:

Ich freue mich und bin fröhlich in dir
und lobe deinen Namen, du Allerhöchster.

Manchmal könnte ich vor Traurigkeit in die Erde versinken:
Wo sind nur all die schönen Tage?
Was nützen all die Leistungen und Erfolge?
Warum trete ich irgendwie nur auf der Stelle?
Dann möchte ich nur *ganz leise* flüstern:

Ich freue mich und bin fröhlich in dir
und lobe deinen Namen, du Allerhöchster.

Manchmal kann ich vor Dankbarkeit und Glück meine Arme weit ausstrecken:
Es ist schön, dass es Menschen gibt, die mich gern haben.
Es ist gut, dass ich mit meinen Fragen nicht allein bin.
Es ist wichtig, dass ich für andere Menschen da sein kann.
Dann sprechen wir *fröhlich in die Runde*:

Ich freue mich und bin fröhlich in dir
und lobe deinen Namen, du Allerhöchster.

Spiel zur Geschichte vom Schnuller

- Der Altarraum dient als Bühne. Wenn möglich, kann die Bestuhlung auch zu einem Halbkreis oder Kreis gestaltet sein, so dass das Spiel in der Mitte des Kreises stattfinden kann. Als Requisiten dienen ein halbhoher Schrank, ein Garderobenständer, ein Tisch, zwei Stühle, viele Kleidungsstücke, die sich im Schrank und auf dem Garderobenständer befinden, weitere Haushaltsgegenstände auf dem Tisch. Wenn möglich, sollten einige besondere Gegenstände bzw. Kleidungsstücke vorhanden sein, z.B. eine alte Federboa, ein Sommerstrohhut, ein Nachttopf, eine Wärmflasche, ein Zylinder. Als Schlafplatz des kleinen Bruders dient eine Matratze mit Decke und Kopfkissen. Alles ist zu Beginn des Spiels sehr ordentlich aufgeräumt. Der Schnuller sollte rechtzeitig vor dem Gottesdienst bereits auf dem Schrank deponiert werden.
- Die Sprechtexte werden von mehreren Sprecherinnen und Sprechern übernommen, die seitlich oder hinter der Spielfläche stehen.
- Zu Beginn setzen sich die beiden Brüder und die Mutter an den Tisch. Der kleine Bruder hat ein großes Lätzchen um, vielleicht mit der Aufschrift „Mamas Liebling". Der ältere Bruder kann eine umgedrehte Baseballmütze tragen, so dass beide Jungen in ihrem Alter charakterisiert sind. Die Mutter füttert den Jüngeren mit einem großen Löffel. Der ältere Junge trinkt aus einem Becher.
- Die Sprecher und Sprecherinnen nehmen seitlich oder hinter der Spielfläche Platz. Die drei Spieler agieren entsprechend der Sprechtexte.

Einmal sollte ein Junge auf den kleinen Bruder Acht geben. Die Mutter sagte: „Ich gehe einkaufen. Dein kleiner Bruder hat gut gegessen. Nun ist er satt und müde. Ich lege ihn in sein Bettchen. Passt gut auf ihn auf."

Und sie nahm ihren Einkaufskorb und das Portemonnaie und ging zur Tür. Dort drehte sie sich noch einmal um: „Und halte mir ja die Wohnung in Ordnung. Das dir da nichts passiert." Und schon war sie weg.

Zuerst hat das Brüderchen geschlafen. Der Junge hat ein wenig gelesen. Dann hat er aus dem Fenster geschaut und mit den Kopfhörern Musik gehört. Dann hat er wieder etwas gelesen. Ganz leise ist gewesen, damit das Brüderchen nicht aufwacht.

Doch dann ist das kleine Brüderchen aufgewacht und es hat geweint. Es wollte seinen Schnuller haben. Da ist der kleine Bruder zum Bettchen gelaufen und hat im Bettchen nach dem Schnuller gesucht. Er hat alle Tücher und Decken herausgeholt und auf die Erde geworfen. Aber der Schnuller war nicht da.

Und er hat in jede Ritze im Bett geschaut und hat die Matratze hochgehoben. Aber der Schnuller war nicht da. Und das Brüderchen hat geweint und geschrieen in seinem Bett. Da hat der Junge den Bruder genommen und auf den Teppich gesetzt. Und er hat ihm den Teddy zum Spielen gegeben. Aber der Bruder hat geweint und geschrieen.

Da hat er ihm die Ente zum Spielen gegeben. Aber der Bruder hat weiter geweint und geschrieen. Da hat er ihm den Ball gegeben. Aber der Bruder hat alles durch die Wohnung geschmissen und hat noch lauter geschrieen.

Da ist der Junge zum Tisch gelaufen und hat auf dem Tisch nachgesehen und er hat die Tassen und Teller vom Tisch auf die Erde gestellt und er hat die Tischdecke vom Tisch genommen und hat unter die Tischdecke geschaut und unter den Tisch. Aber der Schnuller war nicht da.

Dann ist er zum Schrank gelaufen und hat die Schublade herausgezogen und hat die ganze Schublade auf den Boden ausgekippt und nach dem Schnuller gesucht. Aber da war der Schnuller auch nicht. Und das Brüderchen? Das ist durchs Zimmer gerutscht und hat gebrüllt.

Der Junge ist zum Schrank gegangen und hat alle Kleider und Hosen und Mäntel und Schuhe aus dem Schrank geräumt und auf die Erde geworfen. In jeden Mantel hat er geschaut und in jeden Schuh und auch in den alten Sommerhut von Mama und den Zylinder von Papa. Aber der Schnuller war nicht da.

Und das Brüderchen? Das ist weiter durchs Zimmer gekrabbelt und hat geweint und geschrieen und gebrüllt und hatte schon einen ganz roten Kopf. Und der Junge ist im Zimmer herumgerannt und hat unter den Teppich geschaut und bei den Spielsachen und in der Kaffeekanne und wer weiß nicht, wo überall noch. Aber der Schnuller war nicht da.

Und der kleine Bruder? Natürlich: Der hat geschrieen und gebrüllt und geweint und geweint und gebrüllt und geschrieen. Da hat der Junge sich auf den Stuhl gesetzt und hat im ganzen Zimmer umher geschaut und da endlich hat er den Schnuller gesehen: Hoch oben auf dem Schrank!

Er hat den Stuhl genommen und an den Schrank gestellt. Und er ist auf den Stuhl geklettert und vom Stuhl ist er auf den Schrank geklettert. Und da hat er endlich den Schnuller in der Hand. Und der kleine Bruder? Der kleine Bruder ist hinter ihm hergekrabbelt und wollte sich am Stuhl hochziehen. Da hat das dumme Brüderchen vor Ungeduld den Stuhl umgeworfen, und der Junge musste oben sitzen bleiben. Und das Brüderchen hat geweint und geschrieen und gebrüllt.

Gerade in diesem Augenblick ist die Mutter gekommen ...

▶ Die Mutter kommt mit einem vollen Einkaufskorb auf die Spielfläche. Alle drei Spieler bleiben wie eingefroren sitzen und stehen: Der Junge auf dem Schrank mit dem Schnuller in der Hand. Der kleine Bruder vor dem Schrank mit offenem Mund. Die Mutter vor den beiden Jungen mit dem Korb neben sich. Und dann?

Wir haben uns in der Klasse überlegt, was wohl dann passiert ist. Hat die Mutter etwa ...

▶ Im Folgenden treten die Sprecher einzeln aus dem Hintergrund hervor und stellen sich neben die Spieler. Die Spieler handeln entsprechend den angedeuteten Alternativschlüssen der Geschichte. Wenn möglich bewegen sie sich dabei im Zeitlupentempo, um deutlich zu machen, dass es sich um fiktive Enden der Geschichte handelt. Die Sprecherinnen und Sprecher tragen z.B. die folgenden Alternativschlüsse vor:

Hat die Mutter etwa die ganze Unordnung in der Wohnung gesehen und das schreiende Brüderchen gesehen und den Jungen mit dem Schnuller auf Schrank. Und ist sie da böse geworden und hat gerufen: „Warum hat du deinem Bruder den Schnuller weggenommen?"

Oder hat sie vor Schreck gerufen: „Was ist denn hier los? Na, Gott sei Dank. Euch beiden ist ja nichts passiert."

Oder hat die Mutter sich auf den kleinen Bruder gestürzt und hat ihn getröstet. Und hat dann böse mit dem Finger gedroht und zu dem Jungen oben auf dem Schrank gesagt: „Für diese Unordnung gibt es jetzt drei Tage Stubenarrest."

Oder hat sie gesagt: „Ach, ich hatte ganz vergessen, dir zu sagen, dass ich den Schnuller auf den Schrank gelegt habe. Tut mir leid, das war meine Schuld."

Oder hat die Mutter den Kochlöffel genommen und ist um den Schrank herumgelaufen und hat gerufen: „Na warte, wenn du da erst mal runterkommst. Auf dich kann man sich nicht verlassen. Auf deinen Bruder aufpassen kannst du nicht und Ordnung halten kannst du auch nicht."

▶ Die Sprecher treten wieder in den Hintergrund.

Vieles können wir uns ausdenken, wie die Geschichte zu Ende geht. An was hattet ihr gedacht? Hat die Mutter für euch am Ende geschimpft oder hat sie sich erschrocken oder war sie froh, dass nicht mehr passiert ist als die Unordnung in der Wohnung?

Ursula Wölfel, die diese Geschichte geschrieben hat, hat sie so zu Ende erzählt:

Gerade ist die Mutter gekommen. Sie hat den Jungen vom Schrank geholt und hat dem Brüderchen den Schnuller in den Mund gesteckt. Da war es endlich still.

Und die Mutter und der Junge haben sich auf den Tisch gesetzt. Sonst war ja nirgendwo ein freier Platz im Zimmer. Und die Mutter hat Mohrenköpfe ausgepackt. Und sie haben Mohrenköpfe gegessen und über die große Unordnung gelacht.

Kurzansprache und Sprechtexte: Was ist Verantwortung?

Liebe Kinder, liebe Erwachsene,

manchmal muss man sich zwischen zwei Dingen entscheiden. Man kann nicht gleichzeitig zwei Dinge tun. Auch der Junge musste sich entscheiden und beides wäre ja irgendwie richtig gewesen, nämlich Ordnung zu halten und auf den Bruder Acht zu geben. Beides hatte die Mutter gesagt. Wofür hätte sich der Junge entscheiden sollen: Alles in Ordnung zu halten und ja nicht nach dem Schnuller zu suchen? Oder alles auf den Kopf zu stellen, nur um diesen Schnuller zu finden, damit der kleine Bruder endlich seine Ruhe findet?

Gut, dass der Junge in diesem Moment wusste, was wichtiger ist. Manchmal muss man Unordnung machen, damit etwas in Ordnung kommt. Manchmal muss man etwas liegen lassen, damit das Wichtigere auf die Beine gestellt wird. Nicht die Sachen sind wichtig, sondern die Menschen, denen damit geholfen werden kann. Das ist in solchen kleinen Dingen wie dem verloren gegangenen Schnuller genauso wie bei den weit wichtigeren Dingen im Leben. Und da darf dann auch, wie am Ende der Geschichte vom verloren gegangenen Schnuller, über die Unordnung gelacht werden, wenn nur verantwortlich gehandelt wurde.

Aber was ist das eigentlich: Verantwortlich handeln? In einer Umfrage wurden Kinder gefragt, was sie denn unter Verantwortung verstehen. Einige Antworten haben die Schülerinnen und Schüler der Klasse ausgesucht und sie haben ihre Meinung dazu aufgeschrieben.

▶ An dieser Stelle werden einzelne Antworten aus der Umfrage (S. 83) vorgetragen sowie die Kommentare der Schülerinnen und Schüler dazu.

Liebe Kinder und Erwachsene, ist es nicht erstaunlich, wie ernsthaft und nachdenklich Kinder über das nachdenken, was wir Verantwortung nennen? Die Lachgeschichte mit dem Schnuller hat es uns vorgemacht. Wo so an die Menschen und an die Sachen gedacht wird, für die wir Verantwortung übernommen haben, dürfen wir lachen und uns freuen und ein Fest feiern. Und ich glaube, Gott wird seine Freude daran haben. Und wir sind eingeladen, wie der Junge und seine Mutter zu feiern.

▶ Wer möchte, kann an dieser Stelle (durch die Schülerinnen und Schüler der vorbereitenden Klasse) kleine Mohrenköpfe/Schokoküsse oder kleine Schnuller zum Lutschen durch die Reihen geben.

Gebet

Das Gebet wird von mehreren Sprechern und Sprecherinnen gesprochen.

Wir wollen miteinander zu Gott beten:
Lieber Vater im Himmel,
es gibt so viele Dinge in unserem Leben, die wir bedenken müssen.
Öffne unsere Augen, dass wir entdecken,
was wichtig ist für unser gemeinsames Leben:

Wir denken an alle, mit denen wir am heutigen Tag zusammen sind.
Schenke uns einen Tag mit viel Freude und Fröhlichkeit.
Wir wollen füreinander da sein und auf einander Acht geben.

Wir denken an die Menschen, die heute nicht mit uns zusammen sein können:
Manche sind krank, andere sind verreist oder einfach zu Hause geblieben.
Sei du auch bei ihnen und schenke ihnen ein Lachen.

Wir denken an die vielen Menschen, die für uns da sind und uns helfen.
Was sie für uns tun, ist nicht immer selbstverständlich.
Wir danken dir, dass du uns alle nicht vergisst.

Wir denken an die vielen Menschen und Dinge, für die wir verantwortlich sind.
Nicht überall können wir sein, nicht überall können wir helfen.
Wir vertrauen auf dich, dass du uns die richtigen Wege gehen lässt.

Amen.

Umfrage: Was heißt Verantwortung?

Was heißt Verantwortung?

Ich füttere jeden Tag meinen Hamster. Das ist Verantwortung, weil er sonst verhungert.	Junge, 6
Wenn ich Oma jeden Tag eine Geschichte vorlese. Oma ist blind und freut sich auf die Geschichte.	Junge, 10
Für die Natur oder Umwelt eintreten.	Mädchen, 14
In der Clique der Boss sein und die anderen beschützen.	Junge, 13
Wenn ich im Fußballtor stehe, habe ich die Verantwortung, dass die andere Mannschaft kein Tor kriegt.	Junge, 10
Wenn ich auf René (1J., 1 M.) aufpasse.	Mädchen, 13
Für seine Fehler einstehen, wenn was kaputt geht.	Junge, 10
Wenn man mal was angestellt hat, dann muss man die Verantwortung dafür übernehmen.	Mädchen, 8

Schulgottesdienst 3

Die Geschichte vom Papagei
oder: Wer ist der Beste?
(Thema: Schuljahresende)

Die Geschichte vom Papagei
oder: Wer ist der Beste?

Einmal waren im Zoo fünf Papageien in einem Käfig: ein grüner mit einem roten Halsband, ein blauer mit gelben Flügeln, ein ganz blauer, ein ganz roter und ein bunter. Sie waren alle sehr schön, aber der bunte wollte der schönste sein. Die Leute sollten nur ihn ansehen, nur mit ihm sollten sie reden. Darum hat er sich immer ganz nah ans Gitter gesetzt, und er hat so laut geschrieen und so schnell geschwätzt, dass niemand ihn richtig verstehen konnte. Er hat gerufen: „Bin doch so fein, bin doch so bunt!" Aber die Leute haben verstanden: „Bin doof, ein Ochsenhund!" Alle haben gelacht. Da war der Papagei stolz. Er hat sich um sich selbst gedreht und mit den Flügeln geschlagen. Die Leute sollten ihn von allen Seiten sehen. Und dabei hat er gerufen: „Rundum bin ich so, rundum!" Aber die Leute haben verstanden: „Und dumm bin ich, so dumm!" Alle haben noch mehr gelacht, aber der bunte Papagei hat gar nicht gemerkt, dass sie ihn ausgelacht haben. Er hat immer weiter geschrieen: „Bin doof, ein Ochsenhund! Und dumm bin ich, so dumm!"

Thematischer Impuls

Die fünf Papageien im Käfig sind eigentlich alle gleich schön. Dumm ist es, dass der bunte Papagei sich in den Vordergrund stellen will und dabei übersieht, dass er nicht belacht, sondern ausgelacht wird.

Sich in den Vordergrund zu stellen, gehört zur Art und Weise, wie sich manche Menschen in der Gemeinschaft präsentieren. Es geht dabei um das Herausstellen von Wissen und Können, um Macht und um die Frage, wer denn der Beste in einer Gruppe ist und das Sagen hat. Die Geschichte vom Papagei, der sich gegenüber den anderen Papageien im Zoo als besonders schön präsentieren will, aber von den Zoobesuchern falsch verstanden und ausgelacht wird, zeigt im Sinne einer Tierfabel, dass bei einem solchen Verhalten auch einmal der, der sich ganz besonders darstellen will, der Dumme sein kann, und leitet damit zum Nachdenken darüber an, dass man bei diesem Herausstellen der eigenen Person nicht nur den anderen, sondern auch sich selbst schaden kann.

Biblischer Bezug

Es gehört zum Wesenzug der Botschaft und des Handelns Jesu, dass er Menschen unterschiedlicher Herkunft und sozialer Stellung in seine Nähe ruft und sie sich damit alle als von Gott geliebte und angenommene Menschen erfahren können. Dem Herausstellen einzelner Fähigkeiten und Leistungen wird deshalb in der Nachfolge der Jünger Jesu wie in der ersten Christenheit deutlich widersprochen. Gerade die Geschichte vom Rangstreit der Jünger und die darin enthaltene Frage „Wer ist der Größte?" (Lk 22,24–30), auf die im Gottesdienstentwurf Bezug genommen wird, bietet sich hierfür als biblischer Bezug an: Nicht im Führen und Herrschen, sondern im Dienen und im Einsatz für die Gemeinschaft liegen die Möglichkeiten christlichen Zusammenlebens.

Zeit und Anlass

Ein Gottesdienst mit der Geschichte vom Papagei braucht keinen besonderen Anlass im Lauf des Schuljahres und der Grundschulzeit, kann aber gerade dort, wo nach einer Zeit gemeinsamen Lernens Leistung und Beurteilung im Vordergrund stehen, Bedeutung gewinnen, etwa wenn der Übergang zu den weiteren Schulformen der Sekundarstufe I ansteht. Der Gottesdienst könnte von einer vierten Klasse vorbereitet und mit allen anderen Klassen der gleichen Jahrgangsstufe durchgeführt werden oder er bildet den Abschluss einer für eine Klassengemeinschaft sehr lernintensiven Schulwoche.

Vorbereitung und Material

Zur Vorbereitung des Gottesdienstes wird die Geschichte vom Papagei in der Klasse einführend gelesen. Zur Vertiefung kann die Geschichte im Rollenspiel nachgestellt werden. Die Geschichte kann auch mehrfach unterbrochen werden, um mit den Schülerinnen und Schülern jeweils die mögliche Reaktion der anderen Papageien im Käfig zu besprechen. Die Ideen werden gesammelt, um sie für die OHP-gestützte Erzählung im Gottesdienst zu verwenden.

Nach dem Vortrag der Geschichte erhält jeder Schüler und jede Schülerin eine Vorlage „Papagei" (S. 84), die beidseitig bemalt und, wenn möglich, mit Marabu-Federn beklebt werden. Die fertigen Papageien werden an einem Holzreifen an Fäden unterschiedlicher Länge als Mobile aufgehängt. Für den Gottesdienst wird das Mobile in der Mitte des Raumes an der Decke aufzuhängen.

Wird der Gottesdienst nur mit der Klasse bzw. mit den Eltern der Schülerinnen und Schüler gefeiert, bietet es sich an, das Aufhängen der Papageien als Aktion in den Gottesdienst zu integrieren. Dann entfällt die vorbereitende Erzählung der Geschichte in der Klasse und die Schülerinnen und Schüler werden nur dazu eingeladen, die Vorlage „Papagei" entsprechend zu gestalten.

Für die OHP-gestützte Erzählung im Gottesdienst bereitet die Lehrkraft die fünf Papageien entsprechend der Vorlage von S. 84 verkleinert auf Folienteilen vor. Außerdem sollten für den Gottesdienst ausreichend bunte Marabu-Federn in Körbchen vorhanden sein.

Ablauf

Musik, Einführung	„Ich bin besser als du!" – Wie oft habe ich diesen Satz wohl schon gehört. Der eine ist besser im Rechnen, die andere besser im Schreiben, eine kann besser singen und der andere ist besser beim Sport. Und dann gibt es immer noch die, die scheinbar überall die Besten sind oder zumindest so tun. Das tut den anderen manchmal ganz schön weh. Dass es auch ganz anders miteinander geht, davon wollen wir heute in unserem Gottesdienst erzählen, singen und beten.
Lied	Wo zwei oder drei (100)
Eingangsworte	Jesus Christus hat gesagt: Wo zwei oder drei in meinem Namen versammelt, da bin ich mitten unter ihnen. – Wir sind zusammen gekommen, um miteinander Gottesdienst zu feiern. Gott ist für uns da und hat jeden und jede von uns gern. Die Gegenwart des Heiligen Geistes sei mit uns allen. Amen.
Psalm	S. 88; Kehrvers: Danket dem Herrn, denn er ist freundlich, und seine Güte währet ewiglich (Psalm 118,1)
Gebet	Lieber Vater im Himmel, manchmal bin ich besser als die anderen, manchmal bin ich nicht so gut. Manchmal schaue ich zu denen hoch, die mehr können als ich, manchmal blicke ich auf die herab, denen es nicht so gut geht wie mir. Du lädst alle ein als deine Gemeinde aus Großen und Kleinen, aus Starken und Schwachen. Du hast uns alle lieb. Amen.
Lied	Dass du mich einstimmen lässt, Str. 1–3 (8)
Verkündigungsteil	S. 89: Erzählung mit OH-Projektion
Lied	Dass du mich einstimmen lässt, Str. 4–5 (8)
Ansprache/Aktion	S. 90: Vorschlag; und „Publikumsbefragung"
Lied	Allein können wir nicht leben (2)
Gebet	S. 92; Vaterunser
Segensworte/ Musik	S. 92

Psalm

Im Wechsel zu lesen

Danket dem Herrn, denn er ist freundlich,
und seine Güte währet ewiglich

Es gibt viele Dinge, die kann ich richtig gut:
Lesen und schreiben,
schwimmen, Fußball spielen und laufen.
Darauf bin ich richtig stolz

Danket dem Herrn, denn er ist freundlich,
und seine Güte währet ewiglich

Es gibt viele Dinge, die kann ich gar nicht so gut:
Rechnen und singen;
still sitzen, schweigen und anderen zuhören.
Darüber bin ich manchmal selbst ärgerlich.

Danket dem Herrn, denn er ist freundlich,
und seine Güte währet ewiglich

Manchmal gelingt mir viel und andere sehen, wie gut ich bin.
Manchmal gelingt mir nichts und andere lachen über mich.
Muss ich darüber traurig sein, weil mir nicht alles gelingt?
Werden die anderen mich auch mögen, wenn ich nicht so gut bin?

Danket dem Herrn, denn er ist freundlich,
und seine Güte währet ewiglich

Gott nimmt mich so, wie ich bin.
Gott weiß, wo ich stark bin und wo ich schwach bin.
Gott liebt meine Stärken und meine Schwächen.
Gott, dafür danke ich dir.

Danket dem Herrn, denn er ist freundlich,
und seine Güte währet ewiglich

Erzählung mit OH-Projektion

▶ [Wenn das Papagei-Mobile bereits aufgehängt ist:]

Schon die ganze Zeit schwebt in unserer Mitte ein Reifen mit vielen bunten Papageien. Rote Papageien sehe ich, blaue und grüne, viele mit zwei Farben und auch ganz bunte Papageien. Was haben die Papageien in unserem Gottesdienst zu suchen? Die Schülerinnen und Schüler aus der Klasse N.N. wissen, was es mit ihnen auf sich hat und welche Geschichte zu dieser bunten Vogelschar gehört. Und die wollen wir euch jetzt erzählen und zeigen.

▶ [Wenn die Papageien von den Schülerinnen und Schülern mitgebracht werden:]

Liebe Schülerinnen und Schüler, ihr habt etwas mitgebracht in diesen Gottesdienst. Vielleicht haltet ihr es einmal hoch, damit es alle sehen können. Jeder von euch hat einen Papagei in der Hand. Rote Papageien sehe ich, blaue und grüne, viele mit zwei Farben und auch ganz bunte Papageien. Was haben die Papageien in unserem Gottesdienst zu suchen? Zu dieser bunten Vogelschar gibt es eine Geschichte. Und die wollen wir euch jetzt erzählen und zeigen:

▶ Im Folgenden wird die Erzählung mit Folienteilen auf dem OHP unterstützt. Die bunt angemalten Papageien werden im Verlauf der Erzählung auf den OHP gelegt und entsprechend bewegt. Unterschiedlich gestaltete Sprech- und Gedankenblasen deuten an, welcher der Papageien gerade spricht. An bestimmten Stellen werden die am Gottesdienst Teilnehmenden zum Mitmachen aufgefordert.

Einmal waren im Zoo fünf Papageien in einem Käfig: ein grüner Papagei mit einem roten Halsband, ein blauer Papagei mit gelben Flügeln, ein ganz blauer Papagei, ein ganz roter – und ein ganz, ganz bunter Papagei.

Sie waren alle sehr schön und täglich kamen die Leute an den Käfig, um die wunderschöne Papageiengruppe zu sehen.

Sie waren alle sehr schön, aber der bunte Papagei wollte der schönste sein. Die Leute sollten nur ihn ansehen, nur mit ihm sollten sie reden. Darum hat er sich ganz nach ans Gitter gesetzt und hat laut geschrien: „Bin doch so fein, bin doch so bunt!“ – Könnt ihr euch vorstellen, wie das geklungen hat?

▶ Im Folgenden animiert der Erzähler den einen Teil der Gottesdienstbesucher, die Rolle des bunten Papageis zu übernehmen, der andere Teil übernimmt die Rolle der Zoobesucher.

Wir wollen das einmal ausprobieren: Ihr dort hinten ruft einmal ganz laut: „Bin doch so fein, bin doch so bunt“ [mehrmals probieren].

Nun hat der bunte Papagei aber nicht nur ganz laut geschrien, sondern er hat auch ganz schnell geschrien und hat den Satz immer und immer wieder wiederholt: „Bin doch so fein, bin doch so bunt!“ [mehrmals probieren, bis die Gruppe völlig durcheinander spricht].

Ja, und wisst ihr, was da passiert ist? Der bunte Papagei hat so laut und so schnell gesprochen, dass niemand ihn richtig verstehen konnte. Er hat gerufen: Bin doch so fein, bin doch so bunt!“ Aber die Leute haben verstanden: „Bin doof, ein Ochsenhund!“ – Das probieren wir jetzt auch einmal aus: Ihr dort vorn ruft einmal laut: „Bin doof, ein Ochsenhund!" [mehrmals probieren, dann im Wechsel der beiden Gruppen].

Und dann haben alle über den bunten Papagei gelacht. [Die zweite Gruppe zum lauten Lachen animieren, dann das Ganze bis hierhin spielen].

Da war der bunte Papagei mächtig stolz. Und er hat sich um sich selbst gedreht und mit den Flügeln geschlagen. Die Leute sollten ihn von allen Seiten sehen. Und dabei hat er gerufen: „Rundum bin ich so, rundum!" [Diese Szene nachspielen mit der ersten Gruppe, dann die zweite Gruppe fragen:]

Aber der Papagei hat wieder laut und schnell gesprochen. Könnt ihr euch vorstellen, was die Leute verstanden haben? „Und dumm bin ich, so dumm!" Alle Leute haben noch mehr gelacht und mit dem Finger auf ihn gezeigt und haben sich vor Lachen gekrümmt und gegenseitig auf die Schultern gekloppt vor Lachen, aber der bunte Papagei hat gar nicht gemerkt, dass ihn die Leute ausgelacht haben. Er hat immer weitergeschrien: „Bin doof, ein Ochsenhund! Und dumm bin ich, so dumm!" [Diese Szene nachspielen, bis das Ganze nahe daran geht, in einem Chaos zu enden!]

Ansprache und Aktion

Jetzt sind wir aber ganz schön aus der Puste vom vielen Lachen und Schreien. Und deshalb dürft ihr jetzt eine Pause machen und einmal nur zuhören.

Eigentlich ist die Geschichte vom bunten Papagei zu Ende. Aber da waren ja noch die anderen Papageien: der grüne Papagei mit einem roten Halsband, der blaue Papagei mit gelben Flügeln, der ganz blaue Papagei und der rote Papagei.

Die sind in unserer Geschichte gar nicht mehr vorgekommen. Denn die haben die ganze Zeit hinten im Käfig auf ihrer Stange hockt und sich das Ganze angesehen und angehört, was vorne am Gitter passierte. Und die haben sich dann ihr Teil gedacht und nachher, als alles vorbei war und es wieder ganz ruhig war, haben sie ihre Gedanken ausgetauscht.

Wenn die Geschichte bereits in der Klasse vorbereitet wurde, geht der Erzähler nun durch die Reihen und lässt einzelne Schülerinnen und Schüler die vorbereiteten Texte vortragen. Ansonsten spricht er einzelne Gottesdienstteilnehmende an und fragt sie nach ihrer Meinung. Folgende Beiträge könnten dabei herauskommen:

> Das kommt davon, wenn man sich so in den Mittelpunkt stellt.
>
> Der bunte Papagei hat uns ganz vergessen. Wir sind doch genauso schön wie er.
>
> Die Leute schauen gar nicht mehr auf uns. Sind wie denn gar nicht schön?
>
> Wir sollten uns auch an das Gitter stellen, damit die Leute uns alle sehen.
>
> Der macht sich doch völlig lächerlich. So will ich nicht sein.

Ja, so kann es gehen, wenn man selbst der Größte und Beste und Schönste sein will und dabei nicht auf die anderen achtet. Die Geschichte hätte ja auch ganz anders ausgehen können, wenn alle schönen Papageien im Käfig aufeinander Acht gegeben haben. Denn jeder hat seine besondere Farbe und kann vielleicht etwas Besonderes sprechen. Und alle Leute vor dem Käfig hätten sich gefreut und hätten vor Freude gelacht und nicht den Papageien ausgelacht.

Wo jeder und jede die Stärken und die Schwächen zeigt, wird eine ganz tolle Gemeinschaft daraus, in der jeder auf jeden Acht gibt.

Jesus wurde einmal gefragt, wer den unter seinen Freunden und Freundinnen der Größte und Beste ist. Da hat er geantwortet: Die Könige der Welt unterdrücken ihre Völker und die Tyrannen lassen sich „Wohltäter des Volkes“ nennen. Bei euch muss es anders sein! Der Größte unter euch muss wie der Geringste werden und der Führende wie einer, der dient!“ (Lk 22,25–26).

Wo jemand die Gaben und Fähigkeiten, die er hat, dazu benutzt, um sich für die Gemeinschaft und für andere einzusetzen, da wird sich viel in unserer Welt verändern, so wie es sich Jesus gewünscht hat.

▶ [Wenn das Papagei-Mobile bereits aufgehängt ist:]

Aber die bunten Federn in vielen Farben zeigen, wie vielfältig und wie wichtig wir sind. Deshalb darf sich jetzt jeder und jede eine besondere Feder aussuchen, und wenn alle eine haben, werden wir sie hochhalten und sehen, wie bunt unsere Gemeinschaft geworden ist.

▶ [Wenn die Papageien von den Schülerinnen und Schülern mitgebracht werden:]

Wir Menschen sind keine Papageien in einem Käfig und prahlen nicht mit unseren bunten Federn. Aber ihr Schülerinnen und Schüler habt nun schon die ganze Zeit eure Papageien in den Händen gehalten. Wenn ihr sie nun an unseren Holzreifen hängt, werden wir sehen, wie bunt eure Gemeinschaft ist. Und während ihr das macht, darf sich jeder und jede von uns eine besondere Feder aussuchen aus den Körben, die durch die Reihe gehen, und wenn alle eine haben, werden wir sie hochhalten und sehen, wie bunt unsere Gemeinschaft geworden ist.

Gebet

Lieber Vater im Himmel,
wir gehören zusammen.
Jeder ist wichtig, denn jeder ist wichtig für dich.
Es gibt keinen, der nicht zu uns gehören darf.
Das haben wir erfahren
und dafür wollen wir dir danken.
Wir wollen dich bitten
für alle Menschen, die sich einsam fühlen,
weil keiner sie mag.
Für alle Menschen, die keinen Freund und keine Freundin haben.
Für alle Menschen, über die man lacht
und die einfach übersehen werden.
Wir wollen dich bitten,
dass wir Menschen werden, die auf einander Acht geben.
Dass wir Menschen werden, die einander helfen und beistehen.
Dass wir Menschen werden, die füreinander da sind,
miteinander lachen und miteinander weinen.
Amen.

Segenworte

Gottes Segen lege sich über uns wie eine schützende Hand.
Gott, der Vater, halte uns in seiner Hand
und trage uns durch unser Leben.
Gott, der Sohn, nehme uns bei unserer Hand
und begleite uns auf unseren Wegen.
Gott, der Geist, berühre uns mit seiner Hand
und ermutige uns zu einem fröhlichen Lachen.
Amen.

Psalmgebetskartei

Thema: Zeit;
z. B. zur Lachgeschichte vom eiligen Mann

Nach Psalm 31

Meine Zeit steht in deinen Händen.

Manchmal habe ich viel Zeit:
Dann schlafe ich lange,
dann frühstücke mit meinen Eltern,
dann spiele den ganzen Tag mit meinen Freunden
und bleibe abends lange wach.

Meine Zeit steht in deinen Händen.

Manchmal habe ich gar keine Zeit:
Dann mache ich alles ganz schnell,
dann habe ich es ganz eilig,
dann bin ich sehr unruhig
und vieles, was ich mir vornehme, bringe ich nicht zu Ende.

Meine Zeit steht in deinen Händen.

Manchmal habe ich sehr, sehr viel Zeit:
Dann weiß ich oft nicht, etwas mit meiner Zeit anzufangen,
dann ist mir oft sehr langweilig,
dann bin ich unzufrieden und schlecht gelaunt
und habe zu nichts richtig Lust.

Meine Zeit steht in deinen Händen.

Manchmal nimmt sich keiner für mich Zeit:
Dann fühle ich mich von allen verlassen,
dann weiß ich nicht, an wen ich mich wenden kann,
dann spüre ich, wie jede Sekunde endlos lang wird
und ich nicht mehr weiter weiß.

Meine Zeit steht in deinen Händen.

Du aber, mein Gott, bist alle Zeit bei mir,
ob ich sitze oder stehe,
ob laufe oder gehe,
du bist immer in der Nähe.

Meine Zeit steht in deinen Händen.

Thema: Singen;
z. B. zur Lachgeschichte vom gierigen Vogel

Nach Psalm 98

Singt dem Herrn ein neues Lied,
singt dem Herrn, alle Welt!

Von meiner Freude möchte ich Gott erzählen:
Gestern war ein schöner Tag und ich habe viel erlebt.
Ich habe mit meinen Freunden gespielt.
Wir haben gelacht und miteinander Spaß gehabt.
Ich möchte singen:

Singt dem Herrn ein neues Lied,
singt dem Herrn, alle Welt!

Von meinen Ängsten und Fragen möchte ich Gott erzählen:
Warum müssen so viele Kinder weinen?
Warum gibt es immer wieder böse und schlechte Menschen?
Warum herrscht Krieg in vielen Ländern der Welt?
Manchmal ist mir gar nicht nach Singen zu Mute:

Singt dem Herrn ein neues Lied,
singt dem Herrn, alle Welt!

Von meinem Dank möchte ich Gott erzählen:
Danke, dass ich gesund bin.
Danke, dass ich mich freuen darf.
Danke, dass es mir gut geht.
Ich möchte singen:

Singt dem Herrn ein neues Lied,
singt dem Herrn, alle Welt!

Thema: Loben;
z. B. zur Lachgeschichte vom grünen Fahrrad

Nach Psalm 34

Ich will den Herrn loben allezeit,
sein Lob soll immer in meinem Mund sein.

Manchmal könnte ich vor Glück in die Luft springen.
Alles ist gut und alles ist richtig.
Der Tag ist schön und die Sonne lacht.
Die Welt ist bunt und ich freue mich über alles, was mir begegnet.

Ich will den Herrn loben allezeit,
sein Lob soll immer in meinem Mund sein.

Manchmal könnte ich alle Menschen umarmen.
Alles gelingt mir und was ich tue, freut die anderen Menschen
Ich habe etwas erreicht und ich bin stolz auf mich.
Ich gehe auf meinem Weg wie von Händen getragen.

Ich will den Herrn loben allezeit,
sein Lob soll immer in meinem Mund sein.

Manchmal könnte ich vor Wut mit dem Fuß aufstampfen.
Nichts ist richtig und alles mache ich falsch.
Soll ich mich da über mich ärgern?
Sind die anderen Schuld daran?

Ich will den Herrn loben allezeit,
sein Lob soll immer in meinem Mund sein.

Manchmal lasse ich traurig meinen Kopf hängen.
Keiner nimmt meine Leistungen wahr.
Alle wollen etwas von mir.
Aber keiner sieht mich so, wie ich bin.

Ich will den Herrn loben allezeit,
sein Lob soll immer in meinem Mund sein.

Thema: Sorgen;
z. B. zur Lachgeschichte vom Hamster

Nach Psalm 4

Ich liege und schlafe ganz mit Frieden;
denn allein du, Herr, hilfst mir, dass ich sicher wohne.

Denn ich mache mir keine Sorgen.
Es ist alles da, was ich zum Leben brauche:
Essen und Trinken, eine Wohnung und ein Bett,
Eltern, die für mich da sind; Freunde, die mich mögen.
Denn:

Ich liege und schlafe ganz mit Frieden;
denn allein du, Herr, hilfst mir, dass ich sicher wohne.

Also habe ich keine Angst:
Menschen sind da, die mich beschützen.
Meine Wege sind sicher und hell.
Wenn ich nicht weiter weiß, ist jemand da, der mir hilft.
Also:

Ich liege und schlafe ganz mit Frieden;
denn allein du, Herr, hilfst mir, dass ich sicher wohne.

Aber ich weiß, dass es auch anders sein kann:
Es gibt Menschen, die haben nur wenig zu essen.
Es gibt Menschen, die haben keine Wohnung und kein Bett.
Es gibt Menschen, die haben keine Eltern und denen fehlen die Freunde.
Aber:

Ich liege und schlafe ganz mit Frieden;
denn allein du, Herr, hilfst mir, dass ich sicher wohne.

Deshalb frage ich mich:
Ist es richtig, dass ich so sorglos bin?
Ist es richtig, dass es mir besser geht als anderen Menschen?
Ist es richtig, dass ich mehr habe als andere Menschen?
Ist es deshalb richtig, dass ich sage:

Ich liege und schlafe ganz mit Frieden;
denn allein du, Herr, hilfst mir, dass ich sicher wohne.